오병곤

구본형 변화경영연구소 1기 연구원으로 활동했다. [illegible] 기술사로서 직장에서는 컨설턴트 업무를 맡고 있다. [illegible] 로젝트 매니저, 품질 관리자 역할을 수행했다. 직장 [illegible] 내에서 유쾌한 반란을 시도해볼 수는 없을까 하는 [illegible] 디어들을 적용한 독특하고 아름다운 회사를 만들어 [illegible] 고서』, 공저로는 『나는 무엇을 잘할 수 있는가』『내 [illegible]

KB117710

오옥균

구본형 변화경영연구소 꿈벗 [illegible] 1기 객원 연구원으로 활동했다. 대학교, 연구소, 전시관 등 비영리 기관 설립과 운영에 종사하며 틈틈이 개인의 자아실현을 돕는 강사로 활동하고 있다. '조직의 발전을 도모하는 동시에 조직 구성원 개인도 행복한 삶을 영위하기 위해서는 어떻게 해야 할까?'라는 문제를 오랫동안 고민해왔으며 개인의 행복한 생애 설계에 관심이 많다. 경북대학교 대학원 행정학과를 졸업했고, 현재 포항공과대학교에서 기획예산팀장을 맡고 있다. ook@postech.ac.kr

오세나

월요일 출근길이 행복한 직장인이다. 회사와 나의 유쾌한 동행을 꿈꾸며 11년째 직장생활에 매진하고 있다. 향후 회사에서 익힌 경영 지식 및 노하우를 공공기관 등 제3섹터에 적용하여 공익 컨설턴트가 되고자 하는 비전을 가지고 있다. 고려대학교를 졸업했으며 전략컨설팅 회사를 거쳐 현재 KT에서 일하고 있다. 구본형 변화경영연구소 1기 연구원으로 공저로는 『아름다운 혁명, 공익 비즈니스』가 있다.
sena7707@paran.com

정경빈

고려대학교 정치외교학과를 졸업했고 동부생명에서 교육 및 인사 업무를 맡고 있는 9년차 직장인이다. 회사와 직원이 서로 윈윈할 수 있는 방법을 찾는 것을 평생의 과제로 여기며 학습과 실험을 병행하고 있다. 구본형 변화경영연구소 2기 연구원으로 활동했으며 저서로는 『서른, 내 꽃으로 피어라』가 있다.
kbin99@naver.com

이은미

오랫동안 직장생활을 하다 현재는 ㈜해피유라는 회사를 설립해 5년째 운영하고 있으며 한 남자의 아내이자 한 아이의 엄마이기도 하다. 함께하고 있는 직원들에게 좀 더 나은 일터를 제공하고, 신명 나고 재미있는 회사를 만들고 싶어 집필에 참여했다. 구본형 변화경영연구소 4기 연구원으로 활동했으며, 아직 발현되지 않은 진짜 자신의 모습을 찾아내 꽃피워내는 '마흔의 삶'을 꿈꾼다. 1-indo@hanmail.net

김귀자

마지못해 회사를 다니기보다 좀 더 능동적으로 직장생활을 즐길 수 있는 방법을 모색해 보고 싶어 작업에 참여했다. 개인의 자아실현에 큰 관심을 갖고 있으며 자신을 대상으로 다양한 실험을 해 보고 있다. 정해진 길보다 직접 만들어가는 삶에 열광한다. 성균관대를 졸업했고 구본형 변화경영연구소 2기 연구원으로 활동했다. 공저로 『나는 무엇을 잘할 수 있는가』가 있다. tjkmix@naver.com

김민선

9년차 직장인으로 회사가 좀 더 활기차고 재밌는 곳으로 변모할 수 있다는 희망을 가지고 집필에 참여했다. 참된 자신을 발견하고 그 자아가 잘 발현될 수 있는 직업을 찾아주거나 혹은 그런 직업을 창출해내는 일을 하고 싶다. 구본형 변화경영연구소 3기 연구원으로 활동했다. hopper789@hanmail.net

도명수

누구나 읽을 수 있는 글, 그러나 아무나 쓸 수 없는 글에 도전하는 평범한 직장인이다. 동국대학교 도시행정학과를 졸업하고 동대학원에서 조직관리를 전공했다. 지금은 LH공사에서 경영혁신과 조직융합 업무를 맡고 있다. 구본형 변화경영연구소 2기 연구원으로 글은 인생의 흔적이라는 신념 아래 직장에서의 경험을 독자와 공명하기 위해 펜을 들었다. dmsknhc@lh.or.kr

회사가 나를
미치게 할 때
알아야 할
31가지

회사가 나를 미치게 할 때 알아야 할 31가지

구본형 변화경영연구소 지음

다산라이프

직장인을 행복하게 만들어주는 31개의 비타민

미국의 목사 밥 무어헤드는 〈우리 시대의 역설The Paradox of Our Time〉이라는 글에서 이렇게 말했다.

"우리는 생계를 꾸리는 법은 깨우쳐왔지만 어떻게 살지에 대해서는 깨닫지 못했다. 수명을 늘려왔지만 그 삶에 활기를 불어넣는 데는 등한시해왔다."

오늘날 직장인의 모습이 바로 이러하다. 활기가 없으니 삶이 고달프고 살맛이 나지 않는다. 엎친 데 덮친 격으로 고용 불안과 경기 침체가 불어 닥쳐 이제는 잘리지 않고 버티는 것만도 다행이다. 불안과 초조 속에 매일같이 정신없이 일하기는 하지만 아무런 재미와 보람을 느끼지 못한다. 그저 늘 피곤할 따름이다. 바쁘다는 핑계로 가족들과 제대로 시간을 보낸 지도 오래다. 최근 한 설문 조사에 따르면 직장인 중 열의 일곱은 회사에 출근만 하면 무기력해지는 이른바 '회사 우울증'을 겪고 있다고 하니 그 심각성을 짐작케 한다.

상황이 이러하니 일요일 오후면 다음 날 출근할 생각에 벌써부터 머리가 띵하고 한숨이 절로 난다. 나는 한번은 월요일 아침에 차를 몰고 출근하다 정말 너무도 회사에 가기가 싫어서 핸들을 꺾었다. 하지만 얼마 못 가 다시 회사 쪽으로 방향을 틀고 말았다. 그런 내 모습이 너무도 초라하게 느껴졌다.

직장생활이 힘든 데는 여러 이유가 있겠지만 원치 않는 일을 하며 하루 대부분을 보내야 한다는 사실 자체가 엄청난 스트레스다. 술, 담배, 취미 생활, 여행 등으로 해소해 보려 하지만 이것들은 잠시 위안을 줄 뿐이다. 회사에 돌아오면 또 다시 불행이 시작된다. 잠자는 시간을 빼면 하루의 절반 이상을 마지못해 견디는 삶이 행복할 리 없다. 아, 갑자기 어느 시 구절처럼 "생이 마구 가렵다."

10년 전쯤의 일이다. 내가 다니던 회사에서 청소를 하는 아주머니 가운데 한 분은 유난히 밝은 미소로 사람들을 대했다. 다른 아주머니들이 "아이고, 휴지를 왜 이렇게 많이 써. 이거 갈아 놓는 것도 일이네, 일이야" 하며 투덜거릴 때 그분은 아무 불평 없이 묵묵히 일을 했다. 어느 해 추석이 가까이 올 무렵 거래처에 줄 선물을 챙기다가 그 아주머니가 생각나서 선물 세트를 하나 챙겨드렸다. 그랬더니 "뭘 저한테까지 이런 걸 주세요, 저야 그저 제 할 일을 할 따름인데"라며 무척이나 고마워했다. 그리고 이후 아주머니의 웃음은 더욱 커지고 밝아졌다.

그때 깨달았다, 행복은 자신의 선택이라는 것을. '누군가에게는 허드렛일로 여겨질 수조차 있는 일을 하면서도 저렇게 행복할 수 있건만 나는 내 처지를 비관하고 불평하며 스스로를 불행의 구렁텅이로 몰아넣고 있는 것은 아닐까?'

이러한 문제의식을 바탕으로 우리는 이 책을 기획했다. 무료하고 건조한 일상에서 벗어나 진정한 삶의 변화를 모색하고자 변화경영연구소에 모인 우리가 오랜 실험과 실천을 통해 얻은 나름의 노하우와 지혜를 모든 직장인과 공유하고 싶었다. 직장인이라면 느낄 수밖에 없는 고민과 불안을 극복할 수 있는 실마리를 주고 싶었다.

이 책은 직장생활을 해나감에 있어 가장 큰 스트레스 요인을 네 가지로 짚어내고 각 장을 통해 그 해답의 실마리를 제시한다. 첫 번째는 오로지 밥벌이 수단으로서만 일을 하는 현실로 인한 매너리즘이다. 자신의 꿈과 이상을 접어둔 채 일상적 업무에 치이다 보면 결국 지치고 타성에 젖게 마련이다. 직장인이라면 피할 수 없는 굴레이자 덫이다. 1장에서는 직장에서 적극적으로 기분 전환의 계기를 마련하고 스스로 업무 여건을 개선하여 한결 가뿐한 마음으로 일할 수 있게 해주는 방안들을 소개한다.

두 번째는 상사, 부하직원 등 동료와의 관계에서 겪는 어려움이다. 많은 직장인이 사람 때문에 회사 생활이 힘들다고 토로한다. 십분 공감이 간다. 동료와의 관계가 원만치 않으면 업무도 원활히 이루어지지 않게 마련이다. 하지만 아무리 못마땅하다고 한들 함께 일할 사람을 내가 선택하기는 어렵다. 2장에는 사내 대인관계를 개선하기 위해 스스로의 관점을 어떻게 변화시켜야 할지에 대한 아이디어들이 담겨 있다.

세 번째는 능력 향상과 관련된 고민이다. 직장 경력이 쌓일수록 더 높은 능력과 성과가 요구되기 마련이고 그에 발맞추지 못하면 사내 생존을 걱정할 수밖에 없다. 3장에는 남다른 방식으로 커리어를 향상시키며 밥벌이를 넘어 진정한 일의 기쁨을 누리고 있는 사람들이 소개된다.

마지막으로 네 번째는 직장인으로서 느끼는 정체성의 혼란이다. 기왕 하는 직장생활, 남부럽지 않게 인정받고 성공하고 싶은 게 인지상정이다. 이를 위해서는 자신의 직업에 대한 굳은 신념과 열정이 따라야 하지만 대부분의 직장인은 그만한 확신을 갖지 못한 채 하루를 보낸다. 4장에서는 회사를 자기 삶의 무대로 삼아 당당하고 열정적으로 일하며 자아를 실현해나가고 있는 '프로' 직장인들의 모습을 보여준다.

우리는 2박 3일간의 저술 여행을 통해 아이디어를 나누는 과정에서 각자의 실천 사례들에 큰 공감을 느꼈다. 그리고 이후 서로의 방식을 실제로 자기 삶에도 적용해 본 결과 그 효과를 실감할 수 있었다. 우리가 그랬던 것처럼 어두운 터널을 지나듯 직장생활을 하고 있는 수천수만의 직장인이 이 책에 소개된 진솔한 이야기들을 단초 삼아 각자 처한 현실을 변화시킬 수 있기를 간절히 바란다.

대표 저자 오병곤

차례

1장

회사 다니는 게 **즐거운** 1% 사람들의 **비밀**

일요일 저녁, 벌써부터 내일 출근할 생각에 몸서리가 난다면…

2장

잘 얻은 **동료 하나**, **열 친구 열 스승** 부럽지 않다

상사 · 동료 · 부하직원 때문에 회사를 그만두고 싶을 지경이라면…

3장

샐러리맨 마인드를 버리고 '나'를 리모델링하라

한낱 월급쟁이로 인생 종 치는 건 아닐까 걱정된다면…

4장

직장이 **진짜 삶의 무대가** 된 사람들

회사에서 남부럽지 않게 인정받고 성공하고 싶다면…

1장
회사 다니는 게 즐거운 1% 사람들의 비밀

또 월요일이다. 분명 똑같은 시간일진대 주말이면 흐르는 속도가 평일보다 두 배는 빠르다. 주말에 뭘 하며 보냈든 월요일이면 또 다시 직장인의 굴레, 회사로 돌아가야 한다. 다시 금요일이 올 때까지 또 하루하루를 견뎌야 한다.

다달이 나오는 월급을 대가로 내 시간과 노동을 팔았기 때문에 울며 겨자 먹기로 회사에 나가 누군가 시키는 일을 해야 하는 것이 직장인의 숙명이다. 거의 매일같이 하루의 절반 이상을 회사에서 보내야 하는데 그 시간이 그저 고단하고 지루하기만 하다면 삶이 행복할 리 없다.

이러한 상황은 회사도, 그 누구도 아닌 스스로만이 변화시킬 수 있다. 내 욕구나 의지와 관계없이 회사가 시키는 업무를 한다 해도 그 일과 거기에 투입되는 시간의 주인은 결국 바로 나 자신이기 때문이다. 하지만 대부분의 직장인은 이를 망각한 채 스스로의 불행을 방치한다.

여기, 자신이 처해 있는 근무 여건 속에서 기분을 전환하고 의욕을 충전할 수 있는 나름의 방법을 찾아 활력 넘치는 직장생활을 누리고 있는 사람들이 있다. 조금만 시각을 달리해 보면 지금 내가 일하고 있는 회사는 마치 아직 캐내지 않은 금맥으로 가득 찬 금광과도 같다. 이어지는 이야기들을 실마리 삼아 그 금맥들을 하나하나 찾아내보자.

나만의 아지트를 가져라

오세나

직장생활을 하다 보면 울컥하다 못해 어디론가 홀연히 사라져버리고 싶을 때가 있다. 하지만 막상 사무실을 나서면 막상 갈 만한 데가 없다. 하루 이를 꾹꾹 누르며 견디다 보면 가슴에 시퍼런 멍이 든다. 하지만 우리는 안다. 시간이 지나면 그 상처에 언제 그랬냐는 듯 새살이 또 돋아난다는 것을……. 직장인에게는 그 고비의 시기에 힘을 줄 수 있는 위안이 필요하다.

내가 신입사원으로 처음 발령받은 곳은 기업 영업을 담당하는 부서였다. 수주 프로젝트가 있을 때마다 제안서를 제출하고 매번 결과를 기다려야 했다. 부서 배치를 받은 지 6개월 정도 지났을 무렵에 나는 처음으로 단독 프로젝트를 맡았다. 고객사가 우리 회사의 서비스에 우호적이었던 데다 담당자 간에 좋은 관계가 형성되어 있어 수월하게 수주할 것으로 기대되는 프로젝트였다.

그런데 결과 발표 당일, 모두의 기대와는 다르게 경쟁사에게 수주를 빼앗기고 말았다. 몇 달간이나 열심히 준비한 프로젝트였기에 나는 그 누구보다 실망이 컸다. 소식을 들은 나는 자리에 앉아 있을 수가 없었다. 그런 내 마음을 아셨는지 늘 좋은 말씀을 많이 해주시던 과장님 한 분이 바람이나 쐬자며 나를 데리고 나왔다. 과장님이 차를 몰고 간 곳은 북악 스카이웨이였다. 꼬불꼬불한 길을 따라 도착한 그곳에서는 서울이 한눈에 내려다보였다.

"나도 예전에 입찰 서류를 잘못 써서 회사에 큰 손해를 끼친 적이 있었어. 그때 방황하다 온 곳이 여기였는데 멀찌감치 떨어져 빽빽한 서울 시내를 내려다보니 내 고민이 그리 대수롭지 않게 여겨지더라고."

과장님은 회사 생활이 지치고 힘들 때면 여기에 와서 한 번씩 마음을 다잡곤 한다고 했다. 시원한 바람에 답답한 내 마음까지 날아가버릴 것만 같았다. 사무실에 돌아오니 걱정했던 것만큼 큰 일이 벌어져 있지는 않았다. 내 염려와 달리 팀장님도 별다른 문책을 하지 않았고 너그럽게 이해해주셨다.

그 후로도 나는 변함없이 열심히 일하기는 했지만 결과에 대해서는 좀 더 열린 마음을 가지게 되었다. 그리고 일과 관련된 것이 아니더라도 뭔가 고민이 생길 때면 나는 그날의 추억이 깃든 북악스카이웨이를 찾곤 한다. 그곳에 올라가서 잠시 아래를 내려다보는 것만으로도 한결 대범한 마음을 가질 수 있다.

이후 사업 부서로 발령을 받아 자리를 옮겼는데 영업사원일 때는 나가서 일하는 게 그렇게 싫더니 막상 사업 부서로 오고 나니 사무실에 하루 종일 앉아 있는 게 죽을 맛이었다. 당시 사무실이 답답해서 한숨 돌리고 싶을 때마다 내가 찾던 곳이 하나 있었다. 사내 도서관 뒤에 딸린 창고였다. 지난 잡지나 파손된 책을 보관하는 곳이었는데 대학교 도서관에서나 맡을 수 있는 특유의 헌책 냄새가 물씬 났다.

묘하게도 그 분위기가 나를 차분하게 만들어주었다. 오래 머물러 있기는 어려웠지만 동료들과 커피 마실 짬을 아끼거나 점심시간 후 여유 시간을 이용해 그 창고를 찾았다. 그저 멍하니 앉아 시간을 보내기도 하고 쌓여 있는 잡지나 책을 읽기도 했다. 지난 잡지에는 유독 미래를 예측한 기사가 많아 이를 현재와 비교해 보는 것은 색다른 재미를 주었다.

그곳은 내가 일을 하다 답답해질 때마다 잠깐이나마 숨통을 트이기 위해 찾는 나만의 아지트가 되어주었다. 북악스카이웨이와 도서관 창고, 이 두 장소는 내가 지금까지 회사 생활을 할 수 있도록 해준 큰 버팀목이다.

회사에서의 일과 중 틈틈이 여유를 부릴 수 있는 곳은 뜻밖에 아주 많다. 나는 우리 사무실과 한 건물에 있는 회사나 혹은 주변 건물의 고객 접견실을 애용했다. 영업 업무를 담당하던 시절 다른 회사의 고객 접견실을 방문할 일이 많았는데 그 면면이 참 다양했다. 어떤 회사의 고객 접견실은 마치 카페처럼 꾸며져 있어 커피뿐 아니라 생과일주스 등의 음료가 무료 혹은 아주 저렴한 가격으로 제공되었다. 또 안마기나 게임기를 설치해놓고 직원을 위한 휴게 공간으로 이용하는 곳도 있었다. 대체로 한적해 잠깐 쉬면서 생각을 정리하거나 동료와 오붓하게 차 한 잔 하며 담소를 나누기에는 최적의 공간이었다. 또 나를 알아보는 사람이 없으니 좀 졸거나 해도 눈치 볼 일이 없었다.

특히 우리 사무실 바로 아래층에 있던 한 온라인 쇼핑몰 업체의 접견실은 인테리어가 알록달록 화사한 데다 오가는 직원들도 개성 넘치는 캐주얼 의상을 즐겨 입었는데 그래서인지 주로 정장을 입는 보수적인 분위기의 우리 사무실에 있다가 그곳에 잠깐 들르기만 해도 기분이 상쾌해졌다.

기존의 숨은 공간들을 잘 찾아내 요령껏 이용하면 나만의 아지트를 가질 수 있다. 사무실 건물이나 공원, 서점, 학교 등 주변 시설을 잘 찾아보면 마음을 편하게 해주면서도 자유롭게 이용할 수 있는 장소가 있게 마련이다. 비록 좁고 누추할지라도 자기가 맘

편히 쉴 수 있다면 그곳이 바로 아지트다.

그런 공간을 찾았다고 해도 시간을 확보할 수 없다면 아무 소용이 없다. 나는 잠깐씩 사무실을 빠져나올 때면 꼭 수첩 하나를 챙겼다. 그러면 돌아올 때 외부에서 업무를 보고 온 듯한 분위기를 연출할 수 있었기 때문이다. 또 밖에 있을 때 전화가 오면 당황하는 기색 없이 태연하게 받아 근처에 있으니 곧 들어간다고 알렸다.

이런 방법이 효력을 발휘하기 위해서는 상사를 비롯한 주변 사람들에게 성실한 이미지를 심어두어야 한다. 평소 게을러 안 그래도 눈엣가시인 터에 틈만 나면 여기저기 쏘다니는 부하 직원을 내버려둘 상사는 없다. 하지만 열정적이고 일 잘하는 직원이라면 때때로 자리를 비운다 해도 살짝 눈감아주게 마련이다.

회사에서 답답하거나 억울한 순간이 와도 이제는 꾹꾹 눌러 참기만 하지 말자. 잠깐이나마 사무실을 과감히 떠나 나만의 시간을 가져보자. 지금 닥친 문제에서 한 걸음 떨어져 차분히 생각해 보면 툭툭 털고 다시 일어날 수 있는 용기와 기운이 솟을 것이다.

작은 변화로 회의의 임팩트가 급상승했다

오세나

나는 한때 부서 회의에 들어갈 때면 늘 다른 업무에 관련된 자료나 그냥 끼적끼적 낙서를 할 만한 노트를 준비했다. 회의가 애초의 목적을 잃고 엉뚱한 방향으로 흐르는 경우가 많아 다른 할 일을 준비해가지 않으면 시간이 아깝고 지루해서 견디기 어려웠기 때문이다. 성과 없이 소모적이기만 한 회의는 그저 업무 시간을 갉아먹는 해충과도 같다.

나는 회사에서 신사업 아이템을 발굴하는 부서에서 일하고 있다. 포화된 기존 시장을 극복할 만한 새로운 성장 동력을 발굴하는 것이 주요 업무다. 창조적인 아이디어를 요하는 일이기에 전략팀, 사업팀, 마케팅팀, 기술팀 등 다양한 부서에서 선발된 인력으로 구성되어 있다. 그렇다 보니 회의를 할 때면 서로의 입장 차이로 인해 늘 마찰이 끊이지 않았다. 한번은 업무 현황 및 문제점 파악을 위해 회의를 했는데 다들 서로에게 책임 소재를 미루는 데 급급해 정상적인 진행이 어려울 정도였다. 업무 특성상 회의를 통해 성과를 이끌어 내야 하는데 이대로는 정말 아무것도 해내기가 어려울 것 같았다.

우리 부서의 회의는 대개 '일단 모여' 방식으로 이루어졌다. 함께 머리를 싸매고 논의하다 보면 좋은 방안이 나오겠지 하는 막연한 기대로 마라톤 회의를 해댔다. 하지만 사람들은 매번 그 밥에 그 나물 식의 주장만 되풀이할 뿐이었다. 특히 기술팀과 영업팀에서 선발되어 온 두 사람이 서로의 주장을 굽히지 않는 바람에 회의를 할 때마다 격렬한 논쟁이 벌어져 많은 시간이 허비되었다. 연일 이어지는 밤샘 야근으로 우리는 지쳐갔다. 이제 회의 시간에 모여 서로의 얼굴만 보아도 무슨 얘기를 할지 감이 잡힐 정도였다.

그러던 어느 날 견디다 못한 나는 논의는 이 정도로 끝내고 일단 이제까지 나온 아이디어들을 화이트보드에 적어놓고 정리를 해보자고 제안했다. 다른 부서원들도 다들 지쳐 있었던 터였기에 나의 제안에 순순히 응했다.

그런데 신기한 일이 벌어졌다. 막상 아이디어들을 화이트보드에 적어놓고 보니 그동안 늘 논쟁의 대상이 되던 부분은 사실상 큰 문젯거리가 아니었다. 또 평소 회의 참여가 저조했던 사람들도 화이트보드에 적힌 아이디어들을 보고 이런저런 의견을 내놓기 시작했다. 그러자 말로만 회의할 때는 도저히 나올 것 같지 않았던 참신한 아이디어들이 봇물 터지듯 쏟아져 나왔다. 나중에는 화이트보드가 모자랄 정도였다.

이렇게 '쓰면서 논의하는' 회의 방식에 고무된 우리는 다른 부서와 회의할 때도 이를 개선, 적용해보았다. 사람들에게 포스트잇에 각자 의견을 적도록 하고 이를 취합해 화이트보드에 죽 붙였다. 무기명이었기 때문에 다들 맘 편히 자신의 의견을 피력했고, 늘 눈치만 보던 신입 사원들의 의견까지 수렴되었다.

부서 간 의견 충돌이 일어날 때도 이러한 회의 방식은 효과를 발휘했다. 우선 말보다는 글을 주로 사용하다 보니 논의가 언쟁으로 번지는 일이 급격히 줄었고, 또 의사 전달이 분명해져 서로 간에 오해가 빚어질 소지가 크게 감소했다.

무엇보다 새로운 아이디어가 필요할 때 아주 유용했다. 이후 우리는 일주일에 두세 번 정도 특정 주제를 정해 관련 아이디어를 포스트잇에 써 내는 방식으로 회의를 했다. 그랬더니 5분, 10분만 지나도 이전에 그토록 오랜 시간을 들여 회의를 했을 때만큼 많은 아이디어가 나왔다. 정말 놀라운 일이 아닐 수 없었다. 그리고 그 아이디어들을 유사한 것들끼리 묶어 다시 검토하는 방식으로 정리함으로써 만족스러운 결과를 얻을 수 있었다.

이러한 경험을 통해 나는 백문이 불여일견이라는 말의 의미를 절실히 깨달았다. 손으로 쓰고 눈으로 보며 의견을 나누니 이전에 말로만 할 때보다 훨씬 더 효율적으로 회의가 진행되었다. 하지만 '하늘 아래 새로운 것'을 만들어내야 하는 우리로서는 여기에서 멈출 수 없었다.

우리는 『보물지도』라는 책에서 힌트를 얻어 보다 획기적인 회의 방식을 시도했다. 자신의 꿈을 생생히 드러내 보여주는 그림이나 사진을 곁에 두고 매일 바라보면 꿈의 성취를 앞당길 수 있다는 것이 그 책의 요지였다.

'그래, 글로만 표현할 게 아니라 그림이나 사진도 이용해보자!'

생각해 보면 워드로 된 문서보다는 파워포인트로 된 문서가 더 이해하기 쉽고 흥미롭게 마련이다. 우리는 사무실 건물 1층에 있는 은행에 양해를 구해 과월호 잡지 몇 권을 얻었다. 그리고 무작정 책장을 넘기면서 맘에 드는 사진을 몇 장 골라 이를 회의실 벽에 붙였다. 그것을 보며 자유롭게 연상되는 생각들을 이야기하며 생각을 이어나가다 보니 재미있는 아이디어들이 나오기 시작했다.

모인 사진에는 주로 멋진 휴양지나 주택, 혹은 자기가 가지고 싶은 제품의 모습이 담겨 있었다. 사람들이 원하는 것은 서로 별반 다르지 않았다. 하지만 그것을 보고 떠올리는 생각은 정말 천차만별이었다. 같은 사진이라도 각자의 입장에 따라 전혀 다르게 받아들였고, 그로부터 정말 기발한 아이디어를 끄집어냈다. 어찌 그런 생각을 했을까 싶어 존경스러웠던 게 한두 번이 아니다. 구성원이 다채롭다는 우리 부서의 특징이 빛을 발하는 순간이었다.

또 잡지에는 음식물처리기 같은 신발명 제품을 비롯해 형형색색의 각종 유행 상품에 대한 정보가 실려 있었다. 그것들을 보며 '왜 이런 제품이 나오게 됐을까?', '고객들은 왜 이 제품을 살까?' 하며 소비자의 눈높이에서 생각하다 보니 한결 고객 지향적인 아이디어들을 뽑아낼 수 있었다. 맨땅에 헤딩하는 식으로 머리를 쥐어짜낼 때와는 비교할 수도 없을 만큼 적극적으로 의견이 오가면서 참신한 아이디어들이 쏟아져 나왔다. 그리고 그렇게 나온 단순 아이디어를 계속해서 다른 관점으로 조명하며 구체화해나갔다.

우리 부서는 이렇게 포스트잇 회의와 보물지도 방식의 회의를 통해 회사 신성장 동력을 열 개나 도출해냈다. 그중 일부는 현재 사업화 추진 중에 있다. 이로써 우리 부서는 그야말로 사내 아이디어 뱅크로 자리 잡을 수 있었다.

우리는 업무 시간 중 많은 시간을 회의로 보내야 한다. 중요한 의사 결정이나 아이디어 도출을 위해서는 함께 모여 논의하는 과정이 반드시 필요하다. 하지만 타성에 젖어 천편일률적으로 이루어지는 회의는 지루할 뿐만 아니라 성과도 내기 어렵다.

우리 부서가 경험을 통해 터득한 방식을 적용해볼 수도 있을 테고, 각자의 업무 특성이나 상황에 맞춰 또 다른 참신한 방식을 시도해볼 수도 있을 것이다. 어떤 방식이든 회의에 있어 가장 중요한 것은 참석자 서로 간의 믿음이다. 혼자 고민하기보다는 머리를 맞대면 더 나은 발상을 이끌어낼 수 있다는 믿음, 다른 참석자가 나보다 더 나은 아이디어를 낼 수도 있다는 믿음이 밑바탕에 있지 않는 한 회의는 겉돌게 마련이다. 태도와 인식의 작은 변화와 약간의 아이디어만 있으면 당신의 회의도 언제든 활력 넘치는 시간으로 탈바꿈할 수 있다.

회의 방식을 변화시켜 효율과 성과를 높인 회사들

스위스의 아이디어 발굴 전문 기업 브레인스토어는 창의적 아이디어 발굴을 위해 화가의 아틀리에나 사진작가의 작업실 혹은 공장, 극장, 영화관, 실내 경기장 등을 워크숍 장소로 활용하고 있다.

휴렛팩커드의 임직원은 오전 열 시가 되면 일을 멈추고 사무실 이곳저곳에 모여 커피나 차를 마시며 직급, 직책에 구애 없이 자유로이 대화를 나눈다. 휴렛팩커드의 최고 히트 상품 잉크젯프린터도 이러한 열린 교류를 통해 얻은 아이디어로부터 탄생했다고 한다.

SK텔레콤이 운영하는 오픈마켓에서는 창의적이고 유연한 사고 증진을 위해 '조기퇴근', '평생직장', '삽질그만', '매일회식', '연봉인상' 등 직원들의 희망 사항을 회의실 이름으로 붙여 젊고 활기찬 분위기를 조성하고 있다.

구글의 모든 회의실에는 큼지막한 타이머가 설치되어 있어 대부분의 회의를 5~10분가량 내에 끝낸다. 이로써 업무의 흐름이 끊기거나 지지부진한 회의로 시간이 낭비되는 것을 방지한다.

점심시간 백분 활용하기

오세나

직장인의 하루는 '배고파'로 시작해서 '졸려'를 거쳐 '피곤해'로 끝난다. 점심시간은 그 배고픔과 졸림의 경계다. 그렇다 보니 직장일과 중 내 마음대로 쓸 수 있는 유일한 시간임에도 그저 밥을 먹거나 잠시나마 눈을 붙이는 데 허비한다.

나도 예외는 아니었다. 더군다나 나는 '잘 먹는' 것을 무척이나 중요하게 여기는 사람이기에 점심시간 한 시간 전부터 뭘 먹을지 고민할 정도로 열성을 부렸다. 또 구내식당에 갈 때면 조금이라도 여유 있게 식사를 즐기기 위해 열두 시 땡 치기가 무섭게 달려가 가장 먼저 밥을 탔다. 그러고 나면 '그래, 일도 다 먹고 살자고 하는 거잖아'라는 생각에 마음이 뿌듯했다.

그나마 한때 사무실이 일산에 있을 때는 주변 환경이 한산한 편이어서 밥을 먹고 나면 시간 여유가 생겨 동료들과 옥상 정원에서 차를 마시거나 근처 호수공원에 나가 산책을 하기도 했다. 그렇게 1년여의 시간이 지난 후 회사는 트렌드에 뒤처진다는 이유로 사무실을 광화문 한복판으로 옮겼다. 주변에 상가도 많고 맛집으로 이름난 식당도 여러 곳 있어 일산과는 분위기가 확연히 달랐다.

처음에는 여기저기 맛집을 찾아다니며 식도락 기행을 했다. 손님이 붐벼 매번 줄을 서서 기다려야 했지만 소문대로 맛있는 식사를 하고 나면 만족스러웠다. 하지만 그렇게 한두 달이 지나자 그런 재미도 슬슬 가시고 답답해지기 시작했다. 점심시간만 되면 나 같은 직장인들이 우르르 쏟아져 나오다 보니 딱히 이름난 식당이 아니어도 바로 자리를 잡기가 어려웠다. 어쩌다 열두 시 전 이른 시간에 찾아도 늘 우리보다 먼저 온 사람들이 있었다. 그렇게 식당에 가서 기다리다 메뉴 골라 주문해서 식사를 하고 나면 한 시간이 후딱 가버렸다. 상황이 이러하자 제아무리 먹는 게 중요한 나로서도 허탈한 기분이 들지 않을 수 없었다.

그러던 어느 날 점심시간대에 예정되어 있던 중요한 거래처 접견을 준비하기 위해 나를 비롯한 모든 팀원이 미리 김밥으로 간단히 끼니를 때웠는데 일정이 서너 시간 미루어지는 일이 생겼다.

이로써 점심시간 한 시간이 고스란히 자유 시간으로 주어진 우리는 간만에 서울 구경도 할 겸 회사 주변 산책에 나섰다. 이사

올 때만 해도 봄이었는데 어느 새 청명한 가을 하늘을 볼 수 있었다. 다시 일산 사무실 시절로 돌아온 듯한 느낌이 들었다. 식당에서 기다리고 밥 먹고 하는 데 급급해 허둥지둥 사무실로 돌아오는 평소의 점심시간 때와는 달리 한결 여유가 느껴졌다. 그렇게 한참 걷다 보니 한편에서 신나는 음악소리가 들렸다.

"말~달리자! 말달리자, 다같이!"

회식 때 노래방에 가서 분위기가 고조되면 누군가가 어김없이 부르곤 했던 노래가 한낮 광화문 한복판에서 들려온 것이다. 우리는 신기한 마음에 음악 소리가 나는 곳으로 찾아갔다. '수요 주먹밥 콘서트'란 이름으로 대한성공회 서울대성당에 마련된 간이 무대였는데 놀랍게도 그 곡을 부른 진짜 밴드가 직접 연주를 들려주고 있었다. 신 나게 리듬에 맞춰 환호도 지르고 박수도 치고 나니 급히 먹었던 김밥이 쑥 내려가는 것 같았다. 잠시나마 즐거운 시간을 보내고 사무실로 돌아오니 이전에 밥만 먹고 서둘러 돌아올 때보다 훨씬 활기가 돌았고 식곤증도 싹 달아난 듯했다. 그렇게 좋은 컨디션으로 오후로 미루어졌던 거래처 접견도 성공적으로 치러낼 수 있었다.

점심시간에 밥 이외의 다른 것을 생각해본 적이 없었건만 그날의 경험은 내게 신선한 깨달음을 주었다. 일과 중 잠깐이나마 짬을 내 산책을 하거나 새로운 경험을 하는 것이 나머지 하루를 활기차게 보내는 데 큰 힘이 된다는 것을 말이다.

이후 우리 팀 사람들은 일주일에 이틀 정도는 김밥이나 샌드위치로 서둘러 식사를 해결하고 색다른 즐거움을 찾아 나섰다. 때로는 도시락을 준비해 회사 근처 고궁이나 공원에서 함께 먹었는데 이것만으로도 한결 상쾌한 기분을 느낄 수 있었다. 수요일에는 빠지지 않고 주먹밥 콘서트를 찾아갔다. 현재는 다른 곳에서 운영되고 있지만 당시에는 수요일 정오 서울대성당을 찾으면 결식 계층 지원을 위해 열리는 주먹밥 콘서트를 즐길 수 있었다. 유명 가수의 공연을 보며 공짜로 주먹밥을 먹을 수도 있고 의지에 따라서는 기부를 할 수도 있으니 금상첨화가 아닐 수 없었다.

막상 돌아다니다 보니 주먹밥 콘서트 외에도 이전에 미처 몰랐던 다양한 행사를 즐길 수 있었다. 정동극장에서도 야외에 무대를 설치해 '정오의 예술무대'란 이름으로 30분 정도씩 공연을 열었다. 동료 중 몇몇은 처음에는 그런 공연 분위기가 낯선지 조금 어색해 하기도 했지만 몇 번 다니다 보니 어느새 다른 관객들과 어울려 즐거워했다.

이에 만족하지 않고 점심시간을 좀 더 적극적으로 활용해보기로 마음먹은 나는 동료 몇 사람을 부추겨 함께 와인 강좌를 듣기도 했다. 평소 관심은 있었지만 따로 시간을 내기가 어려웠는데 마침 회사 가까운 곳에 문화센터가 있어서 서둘러 가면 12시 10분

에 시작하는 강의를 들을 수 있었다. 수업은 일주일에 두 번 열렸는데 강사의 말에 따르면 저녁 강의보다 점심 강의가 출석률이 더 좋다고 했다. 아무래도 평일 저녁에는 야근이나 회식 등의 사정이 생기는 일이 많기 때문인 듯했다. 주로 직장인을 대상으로 하는 강의다 보니 종류별 유래나 라벨 보는 법 같은 초보적인 내용부터 차근차근 설명해주어 귀에 쏙쏙 들어왔다. 또 한 가지 좋았던 점은 훌륭한 안주와 곁들여 낮술을 할 수 있다는 것이었다. 강의 후에 그날 배운 와인과 어울리는 요리가 제공되는 간단한 시음이 있었는데 일과 시간 중에 조금이나마 음주를 즐기며 소소한 일탈의 기쁨을 누렸다. 더군다나 이때 배워둔 실력으로 와인을 좋아하는 상사의 눈에 들 수 있었고 때때로 와인이 등장하는 모임 자리에서 나름 유식한 척을 할 수 있었다.

점심시간은 내게 더 이상 단지 밥을 먹기 위한 시간만이 아니었다. 바쁘다는 핑계로 차일피일 만남을 미루어온 친구나 지인을 만나는 데도 점심시간은 아주 유용했다. 사무실이 먼 사람들도 조금만 서둘러 나가 중간 지점쯤에서 만나면 간단한 요기를 하면서 이런저런 대화를 나누기가 그리 벅차지 않았다. 가끔은 친구네 회사의 구내식당을 이용하기도 했는데 시간도 절약되고 말로만 듣던 사내 분위기나 동료들의 실제 모습을 직접 확인할 수 있어 무척이나 흥미로웠다.

더욱이 이러한 변화는 업무적으로도 큰 도움이 되었다. 점심시간을 허겁지겁 밥 먹는 데만 몽땅 써버릴 때는 회사에서 보내는 하루 일과가 버겁고 지겨울 때가 많았는데 이제 그 중간에 큰 쉼표가 생기니 한결 부담이 덜했다. 또 점심시간 동안 이루어진 새로운 경험이나 사람들과의 대화 속에서 업무에 도움이 될 만한 정보나 아이디어를 얻을 때도 많았다.

'밥 먹기에만도 부족한 점심시간에 뭘 할 수 있겠어?'라는 고정관념을 깨고 일주일에 한 번이라도 좋으니 눈 딱 감고 과감히 나가보자. 생각보다 많은 시간을 들이지 않고도 유쾌한 시간을 보낼 수 있다. 그리고 이로써 직장생활의 갑갑함으로부터 오는 스트레스를 더는 데 큰 힘을 얻을 것이다.

점심시간을 남다르게 활용하는 기업들

■ ■ ■

제일기획은 오전 11시 30분부터 두 시간을 자유롭게 이용하는 '크런치 타임crunch time' 제도를 운영하고 있다. '크런치'는 크리에이티브creative와 런치lunch를 합친 말로 점심시간을 아이디어와 창의성을 충전하는 시간으로 활용한다는 뜻이다. 직원들은 이를 활용해 극장이나 전시장을 찾기도 하고 시내에 나가 소비자 동향을 파악하기도 한다.

두산중공업 직원들은 가까운 식당을 이용하지 않고 일부러 걸어서 부지 내 20분 거리에 있는 가장 먼 공장의 식당을 찾는다. 식사를 하고 다시 일하는 곳으로 가려면 왕복 40분가량을 걷는 셈이다. 이렇게 점심시간 동안 걷기 운동을 하면서 건강도 챙기고 동료들과 대화를 나눌 기회를 가질 수 있어 많은 직원의 호응을 얻고 있다.

안철수연구소 사내 바둑 동호회 '안기부'는 매주 수요일과 목요일 점심시간 때 식사를 배달시키고 바둑을 둔다. 원래 저녁에 모이던 것을 회식이나 술자리로 빠지는 사람이 많아 점심시간으로 옮겼는데 반응이 무척 좋다고 한다.

남다른 출근길로 하루 온종일 상쾌하다

오세나

나는 아침잠이 많다. 달콤한 잠에 빠져 있다가 출근을 하기 위해 일어나려면 따뜻한 이불이 끊임없이 나를 유혹한다. 결국 5분만 더, 5분만 더 하다가 알람이 열두 번쯤 울리고 나서야 겨우 일어나 총알처럼 뛰쳐나간다.

몇 해 전 늦가을께였다. 그날 아침에도 여느 때와 다름없이 졸린 눈을 비비며 버스에 올라탔다. 며칠째 야근으로 지쳐 있던 나는 좌석에 앉자마자 쪽잠에 빠졌다. 얼마나 지났을까. 버스 요동에 문득 깨었는데 어슴푸레 낯선 풍경이 눈에 들어왔다. 아차, 사무실이 있는 광화문 정류장을 지나쳐버린 것이다. 결국 부랴부랴 내린 곳은 남대문시장 한복판이었다. 출근 시간까지 남은 시간은 겨우 15분. 당황스러운 마음에 종종걸음으로 반대편 버스 정류장을 향했다.

그런데 그 길에 본 풍경은 늘 다니는 출근길에서 보던 것과는 사뭇 달랐다. 그 아침 남대문시장에는 새벽시장의 활기가 여전히 남아 있었다. 어깨를 축 늘어뜨린 채 직장을 향하는 회사원들과는 달리 그곳 사람들은 발걸음도 목소리도 힘찼다. 바로 코앞에 있지만 이전에 한 번도 와보지 못했던 남대문시장은 아침의 생생한 활력을 그대로 품고 있었다.

그 후로 만원 버스에 실려 이리저리 치이며 출근할 때마다 그날 아침시장의 풍경이 떠올랐다. 그러다 마침내 나는 본격적인 '출근 여행'을 시도해보기로 마음먹었다. 술 한잔 하자는 친구의 전화도, 텔레비전 드라마의 유혹도 물리치고 일찍 퇴근해서 잠자리에 들었다. 평소보다 세 시간쯤 일찍 일어났지만 충분한 수면을 취했기 때문인지 잠을 깨는 게 그리 어렵지 않았다. 한편으로는 그저 일찍 일어났다는 사실만으로도 왠지 모르게 뿌듯하기까지 했다. 오래전 연애가 한창일 때 시간 가는 줄 모르고 남자 친구와 통화를 하거나 학창 시절 밤 새워 벼락치기 시험공부를 하던 때 이후로 처음 마주한 오전 다섯 시 무렵의 새벽 풍경은 낯설기 그지없었다. 아침 시간대와는 또 다른, 신선하고 차가운 공기가 나를 맞이했다.

푸른 새벽빛을 머금은 도로를 지나 도착한 새벽 남대문시장은 이전의 우연한 방문 때 이상으로 활기를 띠었다. 예상보다 훨씬 더 많은 차와 사람이 바삐 움직이고 있었다. 이렇게 이른 시간부터 일하는 사람이 이토록 많다는 사실은 그간 아침잠에 헤매며 늑장을 부리기가 일쑤이던 내게 신선한 충격이었다. '내가 잠들어 있는 동안에도 세상은 이렇게 바쁘게 돌아가고 있구나' 하는 생각에 설레인 것도 잠시, 낯선 분위기에 취해 이곳저곳을 정신없이 구경했다. 크리스마스까지는 몇 달 남아 있었지만 액세서리 상가는 이미 크리스마스트리로 가득했고 의류상가에도 두툼한 옷들이 자리를 잡고 있었다. 그런가 하면 꽃시장에는 다시 봄이 찾아온 듯 다양한 꽃이 만개해 있었다. 한 공간에서 사계절을 모두 맛보는 듯한 재미가 느껴졌다.

그밖에도 안경, 카메라, 각종 수입용품을 비롯해 오만 가지 물건을 구경할 수 있었다. 우리 아버지라면 분명 등산용품 가게에서 발길을 멈추었을 것이고, 초등학교에 다니는 조카는 문방구 앞을 서성였을 것이다. 과연 도깨비시장이라 불릴 만했다. 고 백남준 작가가 '남대문시장에 없으면 세상에 없는 것'이라고 이야기한 이유를 알 것 같았다.

한 시간여를 구경한 나는 배가 출출해졌다. 평소 아침을 잘 먹지 않지만 이날에는 일찍 일어나서 그랬는지 시장기가 돌았다. 마땅한 식당을 찾다가 가장 북적이는 가게로 들어갔다. 새벽일을 마친 상인들이 삼삼오오 모여 앉아 배를 채우고 있었다. 국밥, 비빔밥, 보리밥, 잡채, 설렁탕, 호박죽, 팥죽, 곱창, 순대, 머리고기 등 메뉴도 다양했다. 그중 최고 인기 메뉴는 단연 시장표 잔치국수와 국밥이었다. 나는 국밥을 시켰는데 주문과 함께 선불로 계산을 한 지 5분이 채 안 되어 음식이 나왔다. 뜨끈한 국물이 낯섦으로 인해 긴장해 있던 몸을 녹여주었다.

새벽시장의 활기와 든든한 아침 식사로 무장한 그날 하루는 어느 때보다 활기찼다. 쓴 커피로 겨우겨우 정신 차리곤 했던 여느 아침과는 달리 집중해서 업무를 처리할 수 있었다. 몸이 적응을 못했는지 오후에 잠시 늘어지는 감이 있긴 했지만 오전에 집중적으로 많은 일을 처리해둘 수 있었기에 전체적인 효율 면에서는 더 나았다. 무엇보다 그날 출근 여행에서 얻은 가장 큰 보람은 새벽시장에서 본 열정적 풍경으로 삶의 의지와 에너지가 충만해졌다는 것이다.

출근 여행의 목적지는 대단하고 거창한 곳이 아니어도 된다. 그저 사람 냄새 나고 활력 있는 곳이면 어디든 좋다. 나는 평소 출근길 버스나 지하철 노선에서 미리 갈 만한 장소를 찾아두었다가 때때로 출근 여행을 떠났다.

가장 기억에 남는 곳 중 하나는 어린 시절 살던 동네다. 중학교

1학년 때까지 살다 이사를 갔으니 십여 년 만의 방문이었다. 차를 타고 지나친 적은 있지만 특별히 시간을 내서 찾아간 것은 그때가 처음이었다. 어린 시절 기억을 더듬어가며 예전에 살던 아파트를 지나 등굣길을 따라 내가 다니던 초등학교에 가보았다. 어렴풋한 기억에 높게만 보이던 학교 담장이나 건물이 마치 소인국에라도 온 듯 작게 느껴졌다. 내가 개교 이래 첫 졸업생이었기에 그 기념으로 나무를 심었었는데 혹시나 하고 찾아가 보았더니 어느덧 줄기가 꽤 굵어져 있었다. 나무를 보니 문득 그 시절 나의 꿈이 무엇이었는지 돌이켜보게 되었다. 그리고 어린 시절의 나에게도, 지금껏 변함없이 잘 자라준 나무에게도 부끄럽지 않게 살아야겠다는 다짐을 했다. 이후 신입사원으로 입사했던 첫 회사 근처에 갔을 때에도 비슷한 감정이 들었는데 무언가 새로운 시작에는 그 만큼의 각별한 각오와 의미가 따르기 때문인 듯하다.

굳이 특별한 어딘가를 찾아가는 출근 여행이 아니더라도 출근 시간을 새롭게 할 수 있는 방법이 있다. 나는 때때로 평소보다 일찍 일어나 24시간 식당이나 호텔 레스토랑 등에 찾아가 그날의 첫 손님이 되어본다. 다른 손님이 거의 없는 이른 시간에는 유달리 정성 어린 식사와 서비스를 즐길 수 있다. 가끔은 주인아주머니와 세상 사는 이야기로 담소를 나누기도 한다. 이는 점심시간에 북적이는 식당에서 밥을 먹을 때와는 완전히 색다른 경험이다.

출근 시간이 즐거우면 직장생활이 한결 행복해진다. 유쾌한 시작은 하루를 활기차게 만든다. 열정에 가득 찬 사람들이 모인 곳, 자신이 열정으로 가득했던 그 시절 그곳으로 찾아가보자. 분명 긍정적 에너지가 충전될 것이다. 일단 시작해보라. 지겹기만 했던 출근길이 휴가 못지않은 모험의 시간으로 탈바꿈하는 매력에 흠뻑 빠지게 될 것이다.

아이디어가 샘솟는 출근길을 만들어주는 '컬러 배스'

컬러 배스Color Bath는 일본의 유명 광고회사 하쿠호도의 베테랑 기획 컨설턴트인 가토 마사하루가 저서 「생각의 도구」에서 제안하는 아이디어 발상법이다.

집을 나서면서 오늘의 색을 정해보자. 무슨 색이든 상관없다. 그리고 그 색으로 된 사물들을 주의 깊게 찾아보자. 그 색이 초록색이라면 초록색 표지판, 초록색 버스, 초록색 쓰레기통, 초록색 자전거, 초록색 숲 등등 놀라울 정도로 많은 초록색 사물이 눈에 들어온다. 그리고 이로써 전혀 관계없는 것들이 같은 색이라는 공통점 하나로 묶이게 되고 이전에는 생각지도 못했을 신선한 조합 속에서 참신한 아이디어를 자연스럽게 이끌어낼 수 있다. 이는 색깔뿐 아니라 모양, 소리 등 어떠한 주제로도 가능하다.

사무실에서만 일하라는 법 있나

정경빈

대부분의 직장인은 사무실에 출근하는 것으로 하루 일과를 시작해 퇴근할 때까지 꼬박 그곳에서 보낸다. 하지만 업무를 위해 조성된 공간임에도 불구하고 오히려 일을 방해하는 상황들이 종종 벌어지곤 한다. 쉴 새 없이 울려대는 전화벨, 동료들의 잡담, 시도 때도 없는 상사의 참견과 잔소리 등등. 그로 인해 도저히 업무에 집중할 수 없을 때가 많다.

한번은 잔업이 있어 사무실에서 홀로 야근을 하다 보니 문득 아침부터 온종일 있었던 그곳이 너무도 지긋지긋하게 느껴졌다. 그렇다고 할 일을 남겨둔 채 퇴근할 수도 없는 노릇이었기에 노트북을 싸 들고 회사 앞 카페로 향했다. 사실 인터넷 사용만 가능하면 딱히 사무실이 아니어도 일하는 데 별다른 지장이 없었기 때문이다.

카페에 들어서자 부드러운 커피 향과 은은한 조명만으로도 격무에 지쳐 있던 몸과 마음에 위로가 되었다. 일단 가장 푹신해 보이는 소파가 딸린 테이블에 자리를 잡았다. 소파에 푹 몸을 맡기니 너무도 안락했다. 곧장 일을 시작하는 게 영 내키지 않아 한 20분 동안 커피도 마시고 음악도 들으면서 휴식을 취했다. 공간이 쾌적해서 그런지 그 짧은 시간만으로도 하루간 쌓인 피로가 싹 달아나는 듯했다.

마음을 다잡고 다시 일을 시작하니 아침에 막 출근했을 때같이 머리가 맑아 예상했던 것보다 훨씬 일찍 잔업을 마무리 지을 수 있었다. 아마도 평소처럼 계속 사무실에 있었다면 열 시, 열두 시까지 해도 끝내지 못했을 만한 일감이었는데 말이다.

이후 나는 때때로 야근을 할 때면 사무실에서 나와 카페 등 안락한 공간을 찾아 나선다. 그렇게 어수선하고 시끄러운 데서 무슨 일이 되겠냐며 의아해 하는 동료들도 있다. 하지만 내가 일하는 모습에 시선을 던지는 주변 사람들이 의식되어서 그런지 몰라도 오히려 집중이 더 잘 된다. 또 사실 카페에서 그리 큰 목소리로 대화를 나누는 사람은 드물다.

나중에는 동료들을 부추겨 회의를 카페에서 하기도 했다. 다들 사무실에서 나온 것만으로도 기분이 들뜨는지 평소보다 편안하게 대화가 오갔고 자연스레 더 많은 제안과 아이디어가 나왔다. 또 사무실에서 카페로 왔다 갔다 하는 동안 함께 이야기하며 걸으니 마치 산책이라도 하는 듯 기분이 상쾌했다. 지겹기 그지없는 삭막한 회의실에서는 절대 느낄 수 없는 감흥이었다.

그러고 보면 뭘 하든 장소가 무척이나 중요한 역할을 하는 듯하다. 우리 회사는 분기별로 한 번씩 팀 단위로 워크숍을 여는데 늘 회사 연수원이나 콘도로 가다가 한번은 한 팀원의 제안으로 양수리에 있는 복층 펜션을 빌렸다. 그곳에 도착한 순간 북한강이 내려다보이는 탁 트인 전망과 맑고 시원한 공기에 심취해 모두가 입을 떡 벌렸다. 예정된 워크숍 일정을 마치고 저녁에는 바비큐 파티를 열었는데 업무에서 벗어나 이런저런 개인적인 대화를 나누다 보니 그간 밋밋했던 동료 관계가 한결 가까워지는 듯했다. 이후로는 워크숍 때마다 새로운 장소를 물색했고 팀원들도 워크숍에 보다 적극적으로 임했다.

덧붙여 말하면 집에서 일하는 것도 그다지 나쁘지는 않다. 우리 부서는 프로젝트 단위로 일하기 때문에 마감 시간에 맞춰 일을 몰아서 해야 할 상황이 종종 생긴다. 그러니 마감이 다가오면 어쩔 수 없이 주말 근무도 불사해야 한다. 우리 팀장님은 꼭 모여서 해야 할 일이 아닌 경우에는 금요일 오후에 업무를 분배하고 각자

작업한 결과물을 일요일 정오에 메일로 취합한다. 휴일에 일해야 한다는 것 자체는 불만일 수밖에 없지만 그나마 출근하라고 하지 않는 것만도 다행이다. 나는 주로 늦게까지 자고 일어나 친구를 만나거나 이런저런 볼일을 보고 나서 집에 돌아와 내키는 때 일을 손에 잡는다. 그래도 맡은 업무를 처리할 만한 시간은 충분히 확보된다.

요즘에는 일반적인 사무직 직장인의 경우 컴퓨터 하나만 있으면 대부분의 업무를 볼 수 있다. 요컨대 노트북 있고 인터넷 사용만 되면 어디에서든 업무 처리에 큰 지장이 없다. 물론 회사에 매여 있는 몸이니 운신이 자유롭지 않기는 하겠지만 때때로 사무실이 너무 답답하게 느껴져 기분 전환이 필요하거나 할 때면 나름의 변화를 시도해보자. 마음만 먹으면 얼마든지 가능하다. 일하는 장소가 바뀌는 것만으로도 마치 프리랜서가 된 듯한 편안함과 자유로움을 느낄 수 있을 것이다.

직장인의 굴레를 벗는 쿨한 하루

이은미

직장인의 하루하루는 시시포스 신화의 삶과 닮았다. 떨어져 내리는 바위를 날마다 다시 산꼭대기까지 밀어 올려야 하는 무한반복의 삶. 그렇게 되풀이되는 일상 속에서는 열정이나 생기를 느끼기 어렵다. 늘 분주하지만 그저 고달프고 지루할 뿐이다. 이것이 직장인의 삶이 지치는 이유다.

우리 회사 여직원 중 하나는 이따금씩 다소 튀는 복장으로 출근한다. 사실 별날 것 없는 캐주얼 차림이지만 암묵적인 격식이 있어 대부분이 정장까지는 아니어도 마냥 편하게 입지는 않기 때문에 그 정도만으로도 눈에 띈다. 그런 날이면 그녀의 표정이 유난히 밝고 걸음걸이도 활기차다. 하루는 그 여직원과 대화를 나눌 기회가 있었다.

"대학 다닐 때 혼자 국내 도보 여행을 간 적이 있어요. 출발 당일 워킹화와 등산복 차림에 빨간 배낭을 둘러메고 집 문을 나섰죠. 근데 그저 옷차림 하나만 바뀐 것뿐인데 벌써부터 내가 무슨 전문 여행가라도 된 듯한 기분이 들더라고요. 매일 다니던 동네 골목길이 시골 오솔길 같이 보이고 길을 오가는 사람들도 왠지 낯설게 느껴지고 말이에요. 참 신기했죠.

그래서 지금도 가끔씩 회사 다니는 게 싫증나거나 하면 출근할 때 구두 대신 워킹화를 신기도 하고, 백 대신 등산 배낭을 메기도 해요. 그럼 당장 발걸음부터 가벼워져요. 비록 회사에 출근하는 길이지만 마치 어디 놀러가는 기분이랄까요? 옛날에 도보 여행할 때 기억이 새록새록 나기도 하고 한결 마음이 가뿐하지요."

교복이나 예비군복을 입어 본 사람이라면 그녀의 말에 공감할 것이다. 이를테면 평소 양복 차림일 때는 흠잡을 데 없이 말끔하고 예의 바르던 사람도 예비군 훈련 간다고 군복을 입기만 하면 별안간 돌변해 불량스러운 행동을 일삼곤 한다. 옷차림 하나만으로 마음가짐과 태도가 크게 변하는 것이다.

많은 회사에서 금요일 하루 정도는 이른바 '캐주얼 데이'로 지정해 직원들에게 자유로운 복장으로 근무하도록 권장하고 있다. 남자 직장인이라면 마치 유니폼처럼 입는 와이셔츠와 넥타이를 벗어던지는 것만으로도, 여자 직장인라면 굽 높은 구두 대신 발 편한 운동화를 신는 것만으로도 크게 기분 전환이 된다고 한다. 또 옷만 봐서는 누가 누군지 구분도 안 되는 천편일률적인 복장이 아니라 개성이 드러나는 옷차림을 함으로써 수많은 익명의 직장인 가운데 하나가 아닌 진짜 나를 찾은 듯한 위안을 얻기도 할 것이다.

나는 작은 회사를 5년째 운영하고 있다. 사장으로서 일반 직장인에 비해 많은 권한과 자유를 누리는 것이 사실이다. 그러나 그만큼 많은 의무와 책임이 따른다. 아침도 거른 채 새벽길을 헤치며 출근길에 올라 회사에 도착하는 그 순간부터 '나'는 없다. 시시때때로 진행되는 크고 작은 회의, 외부에서 찾아오는 손님들, 거래처에서 끊임없이 걸려오는 전화, 시각을 다투어 해결해야 할 문제들, 내 결정만을 기다리며 쌓여 있는 결재 서류들에 시달리다 보면 24시간, 아니 25시간도 모자랄 판이다.

이런 생활이 계속되던 어느 날 문득 '이러다 내 에너지가 완전히 고갈되어버리는 것은 아닐까' 하는 위기감이 칮아들었다. 마치 어디로 가는지도 모른 채 앞만 보고 달리는 경주마가 된 듯했다. 이후 나는 일주일에 적어도 하루 혹은 이틀 정도는 '오로지 나만을 위한 두 시간'을 확보하자고 마음먹었다. 아무리 해야 할 일이 산더미처럼 쌓여 있어도, 누군가가 나를 만나기 위해 애태우고 있더라도 그날 하루만큼은 정해진 근무시간 이후 두 시간을 한 회사의 사장이 아닌 한 개인으로서의 내 영혼을 돌보기 위한 시간으로 확보했다. 그리고 그 시간 동안 글을 읽기도 하고, 음악을 듣기도 하고, 친구에게 편지를 쓰기도 하면서 방전되었던 에너지를 충전했다.

틀에 박힌 일상을 살아가는 직장인의 삶은 권태롭고 따분해지기 십상이다. 각박한 생활로부터 스스로를 구원하고 타성과 안일을 극복하게 해줄 변화가 필요하다. 니체는 "삶의 방식을 바꾸기 전에는 병이 낫지 않는다"고 했다. 각자 나름의 상황에서 직장인이라는 굴레로부터 벗어날 수 있는 변화의 여지를 찾아 자신만의 특별한 하루를 정해 실천에 옮겨보자. 관성에 따라 굴러가는 그저 그렇고 그런 하루 말고 전혀 새로운 뜨거운 하루를 만들어 보자. 누군가는 대수롭지 않게 여길 수도 있는 그 소소한 변화가 직장인으로서의 당신 삶에 큰 쉼표가 되어줄 것이다.

직장인도 언제든 떠날 수 있다

오옥균

왜 꿈만 꾸는가……

한 번은 떠나야 한다.

떠나는 건 일상을 버리는 게 아니다.

돌아와 더 잘 살기 위해서다.

–『On the Road, 카오산 로드에서 만난 사람들』(박준, 넥서스) 중에서

직장생활을 하는 사람은 늘 갇혀 있다는 생각을 지울 수 없다. 그래서인지 우리 직장인들은 언제나 떠나고 싶어 한다. 햇살이 쏟아지는 출근길에는 운전대를 돌려 바닷가로 달려가고 싶고, 회사 일이 안 풀려 머리가 복잡할 때에는 커피 한 잔 들고 사무실을 빠져나와 무작정 거리를 서성이고 싶다. 또 컴퓨터 바탕화면에 펼쳐

진 파란 하늘을 보고 있노라면 어느새 마음은 그 풍경 속 어딘가를 헤매고 있기도 한다.

지금껏 삶을 뒤돌아보건대 가장 깊은 추억으로 남는 것은 여행의 장면들이다. 회사 동료들과 해외 배낭여행을 갔을 때 두바이 바다에서 버즈 알 아랍 빌딩을 바라보며 헤엄쳤던 일과 파키스탄 훈자 마을에서의 트레킹은 평생 잊지 못할 소중한 기억으로 남아 있다. 또 사내 산악 동호회의 일원으로 무박 2일로 백두대간에 갔을 때 야간 산행에서 마주했던 달빛도 잊을 수 없다.

한번은 일이 있어 토요일에 사무실에 나와 업무를 보다가 잠깐 쉬면서 담배 한 대 필 겸 사무실 건물 옥상에 갔다. 때마침 안면만 있는 동료 한 명이 앞서 그곳에 와 있었다. 내가 먼저 인사를 건넸다.

"안녕하십니꺼?"

"아, 예."

"잘 지냅니꺼? 오늘 우째 이리 옥상에 담배 피우러 올라 왔심니꺼?"

"하이고 마, 세상 살기 빡빡-하네예."

"와예?"

"뭐, 어제 기안 하나 올릿는데 팀장 지는 손 하나 까딱하지 않고 있다가 빨간 펜 하나 들고 찍찍 그어싸며 우째 이것도 하나 제대로 못하나 카데예. 그런데 나는 그렇다 치고 그쪽은 와 얼굴이 안 좋심니꺼?"

"나도 마찬가지 아이닙꺼? 노상 목표관리다, 성과주의다, 국제화다 이케 쌓는 요즘, 내년 부서 사업계획에 뭐 상큼한 아이디어 하나씩 내라카는데 머리도 안 돌고 답답해서 담배 한 대 피우러 왔심니더."

"둘 다 신세가 똑같네예. 날씨 좋고 이럴 때 산에 가서 고함이나 한 번 지르고 좋은 공기 쐬면 스트레스가 확 날아갈 낀데……."

"산 말입니꺼? 산에 자주 갑니꺼? 나는 운동 체질이 아이라서."

"예, 나는 스트레스 받치면 종종 산에 가는데 산에 한번 가보이소. 요즘 같은 가을철엔 죽입니더. 특히 설악산 같은데 가면 좋지예."

"힘 안듭니꺼?"

"힘이 쪼매 들기는 하지만 그래도 올라가는 맛이 있고 정상에 올라가면 모든 게 내 것 같고 마 스트레스 확 풀립니더."

"그럼 말 나온 김에 아예 오늘 한번 가시면 어떻겠습니꺼?"

별반 친하지도 않던 우리 둘은 우연히 만나 이렇게 서로의 답답한 일상을 털어놓았고, 나는 그의 산 이야기에 귀가 솔깃해졌다. 그리고 어처구니없게도 의기투합해 바로 그날 밤 설악산 대청봉 산행을 떠나기로 결정했다. 열두 시에 출발하는 심야 버스를 타고

한계령에 도착하니 새벽 네 시였다. 그렇게 막상 충동적으로 일을 저질러놓고 보니 스스로도 당황스러웠지만 그래도 함께할 동료가 있으니 설레고 신이 났다. 우리는 기분 좋게 바로 산행에 나섰다.

하지만 문제가 하나 있었다. 그 동료야 평소 산행을 통해 단련된 몸이었지만 나는 음주로만 다져진(?) 몸이었고 동네 뒷산 말고 산다운 산은 그때가 처음이었다. 군대 시절 '힘든 코스는 빨리 돌파하고 쉬는 게 낫다'는 말을 들은 기억이 어렴풋이 나서 한계령 휴게소에서 설악산 등반로 입구까지 이어진 100여 개의 돌계단을 쉬지 않고 올랐다. 그러고는 호흡곤란과 혈압상승으로 얼굴이 노랗게 변해 정말 등반을 시작한 지 5분 만에 하산을 심각하게 고려할 상태가 되었다.

하지만 산에 가자고 먼저 말을 꺼내놓고는 무슨 창피인가 싶어 꾹 참고 계속 산에 올랐다. 겨우겨우 걸음을 옮겨 서북능선 초입에 들어서니 장쾌하게 뻗어 내린 산세가 눈에 들어왔다. 그 모습에 감동하여 비로소 산에 오기를 정말 잘했다는 생각이 들었고, 더 나아가면 또 어떤 비경이 나를 기다릴까 하는 기대감에 산행에 속도가 붙기 시작했다.

높이 올라갈수록 풍광은 그 아름다움을 더해갔고 마침내 산마루에 올라 저 멀리 굽이굽이 펼쳐진 산맥을 바라본 나는 감동의 절정에 다다라 할 말을 잃고 말았다. 뉴스나 신문에서 본 사진을 통해 막연히 참 멋지다고만 생각해왔었는데 실제로 내 두 눈 앞에 펼쳐진 설악산은 내 심장을 벌렁벌렁 뛰게 할 만큼 생생하게 살아 숨 쉬고 있었다.

나는 왜 이런 걸 모르고 살았을까? 직장이나 집안 문제로 이제껏 내가 해온 고민들이 얼마나 보잘것없는 것이었나 하고 절감하면서 이런 풍광을 여태껏 즐기지 못하고 살아온 자신이 참 한심스럽게 느껴졌다.

등반 일곱 시간 만에 마침내 우리는 대청봉에 올랐다. 나는 속으로 만세를 부르며 결국 해냈다는 뿌듯함에 스스로가 대견스러웠다. 산에 자주 가는 사람이야 그게 뭐 그리 대단하냐고 생각할지 모르지만 첫 산행에, 그것도 이야기가 나온 그날 바로 결심해서 대청봉에 오른 나로서는 에베레스트를 정복한 것만큼이나 기쁜 일이었다. 등반 중에 만난 한 노부부에게 이 이야기를 했더니 '무식한 놈'이라며 꾸중 아닌 꾸중을 했다.

잠 한숨 안 자고 역순으로 산을 내려와 집에 돌아오니 꼬박 열여덟 시간이 걸렸다. 다음 주 월요일 아침에 출근하여 부서 동료들에게 지난 산행 이야기를 했더니 도통 믿지를 않았다. 그래서 나는 그룹장이 보는 앞에서 마치 프레젠테이션이라도 하듯 시간대별로 찍은 디지털카메라 사진들을 증거로 보여주며 그 여정을 설명했다. 내 이야기를 들은 그룹장은 "이런 무모한 고생을 사서 하는 걸 보니 너는 무슨 일을 시켜도 잘 해낼 놈"이라며 칭찬해주었고, 이 일은 한동안 우리 사이에 유쾌한 이야기로 회자되었다.

『혼자 놀기』란 책의 저자 강미영은 "가고 싶을 때 가고 싶은 곳으로 떠나면 되는데, 내 마음대로 하면 되는데 이보다 쉬운 일이 어디 있겠는가? 아무 때나 모든 걸 놓아둔 채 떠나는 일만큼 쉬운 것도 없다. 그동안 우리가 지고 떠나는 배낭이 무거웠던 이유는 한꺼번에 모든 걸 뒤집어엎으려 했기 때문이다. 사표를 써야만, 몇 박 며칠 휴가를 받아야만, 가족들과 시간을 맞춰야만 벗어날 수 있다고 규정해두었기 때문에 아무것도 해보지 못하고 일상 안에 갇혀 있었던 것이다"라고 했다.

그렇다. 그토록 현실에 답답해 하면서도 그로부터 벗어나지 못한 것은 어떤 계기가 있어야만 떠날 수 있다고 생각하는 고정관념 때문이었다. 나는 별다른 채비 없이 즉흥적으로 떠난 그날의 산행으로 삶에 있어 큰 자신감을 얻었을 뿐 아니라 그 경험을 함께한 동료와는 이후 더욱 가까워져 둘도 없는 직장 친구도 갖게 되었다.

어딘가 먼 곳이 아니라도 좋다. 매일같이 반복되는 직장생활에 지치고 그런 현실이 미치도록 갑갑하다면 무작정 가방을 챙겨 훌쩍 떠나보자. 특별한 준비를 하지 않아도 그저 작은 결심만 있으면 우리는 삶을 즐거운 여행으로 만들 수 있다.

일할 맛 나게 해주는 진짜 인센티브

오옥균

당신이 다니고 싶은 회사는 어디인가? 월급을 많이 주는 회사인가, 아니면 복지제도가 좋은 회사인가? 물론 월급이나 복지는 다다익선이다. 하지만 조직에 대한 직장인의 만족도를 가장 높여주는 것은 '성과에 부합하는 인센티브'를 제공할 때다. 이를테면 회사에서 큰 성과를 내 그 공로로 여비까지 딸린 해외여행 티켓을 받는다거나 하면 직장인으로서 이보다 더 큰 기쁨도 없을 것이다. 하지만 실상 회사에서 주어지는 보상은 인사 제도상 이루어지는 승진이나 휴가, 혹은·상여금 정도다. 그리고 이는 뭔가 회사에 큰 공헌을 하는 소수에게만 주어진다.

나는 회사에서 팀장 직책을 맡으면서 어떻게 하면 팀원들의 업무 의욕을 높일 수 있을지 고민하게 되었다. 우리 부서는 업무 지원 부서로서의 성격이 강해 영업 부서나 사업 부서와는 달리 성과를 측정하는 것이 쉽지 않았기 때문이다.

그러던 중 올해 초 회사 사업 분야에 바이오메디컬 케어가 신설되었다. 사업 책임자를 포함해 일곱 명의 연구진이 사용할 실험실과 사무실을 서둘러 마련하라는 지시가 상부로부터 떨어졌다. 문제는 사옥이 여섯 개 동이나 됨에도 불구하고 여유 공간이 부족해 부서들끼리 땅따먹기를 벌이고 있는 판이었다는 것이다. 결국 다른 부서가 기존에 이용하고 있던 공간을 줄일 수밖에 없어 실랑이가 벌어질 수 있는 데다 잘 처리해봤자 위에서 별반 알아주지도 않는 일이기 때문에 팀원 모두 맡기를 꺼렸다. 더군다나 안 그래도 업무가 많아 다들 지쳐 있는 상황이었다.

그렇다고 주어진 업무를 무작정 하지 않을 수도 없는 노릇이니 팀장으로서 고민이 이만저만이 아니었다. 결국 특단의 대책을 생각해낸 나는 팀원들을 불러 모아 이야기했다.

"지시가 내려왔으니 이래도 해야 하고, 저래도 해야 한다. 하지만 이왕 할 거면 기분 좋게 하자. 이 일 잘 끝낸다고 내가 월급을 올려주거나 휴가를 보내줄 수는 없지만 팀장 권한으로 업무에 지장을 주지 않는 범위 내에서 한 달에 한 번씩 두 달 동안 반차 휴가를 주겠다."

팀원들은 서로 의미심장한 눈빛을 교환하더니 결국 그러자고 했다. 우리는 업무 시간에는 기존에 맡은 업무를 처리하고 저녁 식사 후에는 두 명씩 조를 짜서 두 동씩 맡아 공간 실사 작업에 착수했다.

그 결과 사옥 중 한 동의 반지하쯤 되는 일부 공간에 잡다한 비품이 쌓인 채 방치되어 있음을 발견했다. 우선 사내 직장발전협의회와 의논해 바자회를 열어 비품을 처분함으로써 공간을 확보했다. 그리고 건물 밖에 높게 쌓여 있던 흙을 걷어내 창문을 통해 채광이 되게 했다. 이로써 우리는 죽어 있던 공간을 살려내 신규 부서의 실험실을 마련했다. 다른 부서의 원성을 듣지 않으면서도 비품을 팔아 모인 돈으로 기부도 하면서 맡은 업무를 완벽히 처리해 낸 것이다.

그리고 약속대로 우리 팀원들은 한 달에 한 번 누구의 눈치도 보지 않고 떳떳하게 반차 휴가를 사용하며 나름의 자유를 만끽했다. 당시 출산한 지 얼마 지나지 않았던 김 모 대리는 잘 만큼 자고 여유롭게 일어나 다른 사람들이 출근해서 한창 일하고 있을 시간에 사무실 근처 카페에서 브런치를 즐겼고, 팀 내 중고참 박 모 과장은 나이 드신 장모님을 모시고 치과에 다녀오고 동사무소에 가서 필요한 민원 서류를 챙기고 세차를 하는 등 평소 바빠서 미루어오던 일들을 처리했다. 또 결혼 3년차 백 모 팀원은 주말을 이용해 1박 2일로 남이섬 여행을 다녀온 후 월요일에 반차를 써 여독을 해소하고 개운한 컨디션으로 출근할 수 있었다.

이처럼 별다른 제도적 뒷받침이나 경영진의 결재 없이 가능하면서도 큰 기쁨과 보람을 주는 인센티브를 실행에 옮길 수 있다. 실제로 요즘 많은 기업이 '직장인이 불행하면 기업의 경쟁력이 높아질 수 없다'는 모토 아래 직원들에 대한 다양한 보상 방식을 도입하고 있다고 한다. 나는 이후 팀원들의 의견을 모아 여러가지 보상 형태를 발굴해 실행에 옮겼고 이로써 팀원들의 직장생활 만족도는 물론 업무 효율과 성과를 한결 높일 수 있었다. 이제는 오히려 팀원들이 또 뭔가 특별한 프로젝트 업무가 없냐며 나를 채근하곤 한다.

색다른 인센티브 제도를 시행하는 기업들

■ ■ ■

펀 경영을 도입한 여행사 여행박사는 사내 교육만 잘 들어도 노트북을 제공하고, 회사 홍보를 위해 제작된 점퍼를 가장 많이 입고 다니는 직원을 포상한다. 또 차에 회사 스티커를 붙이고 출퇴근하는 사람에게 차량 유지비를 지원하기도 한다.

한국피자헛은 '내부 고객 만족 없이는 외부 고객 만족도 없다'는 인식 아래 정규직, 파트타이머 구분 없이 우수 직원을 선발해 인센티브로 해외여행을 보내준다.

생활가전업체 웅진쿠첸은 연월차 휴가와는 별도로 회사 사업부서별로 한 달에 한 번 평일에 단체로 댄스 교실, 영화 관람, 노래 교실, 스키 등의 테마 활동을 한다. '제조업체가 휴일이 아닌 평일에 공장 라인 가동을 쉰다는 것은 어려운 일이지만 미래의 회사 성장을 위해 효과적이라는 판단에서 제도를 운영하게 되었다'고 한다.

직장인이여,
쇼를 하라

오병곤

영화 〈즐거운 인생〉은 사회생활에 찌든 중년 가장들의 통쾌한 반란을 다룬 작품이다. "40대 아저씨여, 일어나 쇼를 하라"고 선동하는 불온한 영화이지만 리얼리티와 상관없이 감동적이다. 대학 시절 록밴드를 결성해 활동했던 네 사람. 하지만 결국 현실의 무게에 짓눌려 꿈을 포기한 채 중년에 이른다. 먼저 세상을 떠난 한 멤버의 장례식에서 해후한 세 사람은 진정한 삶의 재미를 좇아 다시 밴드를 결성하고 우여곡절 끝에 성황리에 공연을 마치면서 영화는 막을 내린다.

내게도 그 주인공들처럼 뮤지션을 꿈꾸던 시절이 있었다. 고등학교에 다닐 때였는데 나름 밴드를 한답시고 친구 집 창고에서 기타와 씨름을 했다. 쾌쾌한 냄새가 진동하는 허름한 그곳에서 오로지 열정 하나만으로 연습에 열중했다. 하지만 결국 현실의 벽을 넘지 못한 나는 음악에 대한 꿈을 접은 채 입시, 취업 등 전형적인 사회 진출 과정을 거쳐 뭐 하나 별날 것 없는 직장인이 되었다.

영화 〈즐거운 인생〉은 그렇게 사그라져 있던 내 욕망에 불을 질렀다. 그리고 그 감흥에 빠져 찾았던 대학로의 라이브 카페에서 눈가를 촉촉이 적신 채 기타를 연주하는 한 중년 남성을 목격한 나는 다음 날 당장 기타를 새로 장만했다. 또 마침 사내 자체적으로 운영되고 있는 직장인 밴드가 있어 가입했다. 직장인이라는 이유로, 나이가 많다는 이유로 차일피일 미뤄왔지만 꿈을 포기할 수는 없었다.

밴드에는 나와 친한 동료가 여러 명 있어서 그리 머쓱하지는 않았지만 워낙 오랜만에 다시 기타를 잡은 터라 감각을 익히는 데 시간이 꽤 걸렸다. 인터넷 기타 강좌를 듣기도 하고, 퇴근 후에 꾸준히 합주를 한 끝에 마침내 작은 무대에 서게 되었다. 공연 초반에는 너무 떨려서 연주를 많이 틀렸지만 두 번째 곡을 연주할 때부터는 제법 호흡이 잘 맞았다. 그때의 기분이란 이루 말로 다 표현할 수 없다.

현재 활동하고 있는 직장인 밴드는 전국적으로 무려 3,000여 개에 이른다고 한다. 회사의 후원을 받아 공식적으로 활동하는 밴드도 많다. CJ의 '다시다 밴드', 삼양의 '락슈가', 현대중공업의 '쵸

코파이 밴드' 등이 대표적이다. 이들은 자사 제품이나 서비스를 연상시키는 이름으로 활동함으로써 회사 홍보에도 일익을 담당하기도 한다.

주변을 살펴보면 막연하나마 악기 연주에 대한 욕구를 가진 사람이 참 많다. 하지만 회사 다니면서 그럴 틈이 있을까 싶기도 하고, 그게 어디 아무나 하는 건가 싶기도 해 지레 포기하는 게 대부분이다. 하지만 막상 직장인 밴드를 하는 사람들을 보면 그리 남다를 것 없는 평범한 사람들이다. 다른 점이라면 직장인이라는 굴레에 스스로를 얽매지 않고 하고 싶은 것을 실행에 옮겼다는 것뿐이다.

나 또한 연일 야근을 하고 휴일 근무도 불사해야 할 만큼 바쁜 회사 생활 속에서 밴드를 한다는 게 철없는 짓이 아닌가 싶어 악기를 다시 잡기까지 많이 고민했다. 그리고 마침내 나는 저질렀다. 이런저런 여건이 갖추어지기를 마냥 기다리다가는 결국 시작조차 못할 것 같았다.

그나마 어린 시절 익혔던 기락이 있기는 했지만 막상 다시 시작하려니 손놀림이 마음 같지 않았다. 그렇다고 따로 시간을 내 학원을 다니거나 할 여유를 내기는 어려웠는데 알아보니 인터넷상에서 동영상으로 배우는 온라인 강좌가 무척 많았다. 얼마간 동영상을 보며 따라 치고 하니 슬슬 예전의 감을 찾을 수 있었다.

Pearl

하지만 처음 악기를 시작하는 사람이라면 학원이나 개인 레슨을 활용할 것을 권한다. 요즘에는 실용음악 학원이라 불리는 악기 교습소가 많이 있어 마음만 먹으면 배울 곳을 찾기는 어렵지 않다. 독학으로 시작할 수도 있지만 레슨을 받으면 보다 짧은 시간에 체계적으로 배울 수 있다. 또 혼자 하다 보면 이런저런 핑계로 연습을 거르다 결국 제자리걸음 치기 십상인데 시간을 정해 정기적으로 배움으로써 꾸준히 연습하는 데도 큰 도움이 된다. 하지만 제아무리 좋은 학원을 다닌다 해도 개인 연습이 뒤따르지 않으면 절대 실력이 늘지 않는다. 틈날 때마다 부지런히 연습을 해야 한다.

어느 정도 연주가 가능한 실력에 이르렀다면 슬슬 밴드를 알아볼 때다. 직장인 밴드라고 해도 실력이나 성향은 천차만별이다. 연주력이 그리 뛰어나지 않더라도 자기와 어울릴 만한 사람들을 찾을 수 있을 것이다. 인터넷 중고 악기 사이트에서 운영하는 멤버 모집 게시판이나 직장인 밴드들의 온라인 커뮤니티 등을 찾아보면 된다. 또 직장인 밴드는 그 특성상 실력보다는 하고자 하는 열의나 친화력을 좀 더 중시하는 경향이 있다. 음악으로 먹고 사는 프로 밴드가 아니므로 오랫동안 함께할 수 있는 사람이 더 귀하기 때문이다. 기왕 하는 김에 한 직장 동료들과 밴드를 꾸린다면 금상첨화다. 기존의 친분을 바탕으로 하니 팀워크 형성에 유리할 뿐더러 연습 일정을 잡거나 할 때도 용이할 것이다.

연습실은 공간을 임대해 직접 꾸밀 수도 있고 연습 때마다 합주실을 빌려 이용할 수도 있다. 기타, 드럼, 베이스 등 각 파트가 어우러져 합주를 거듭하며 연주의 완성도를 높이고 레퍼토리를 늘려가는 것이야말로 밴드 생활의 진수다.

하지만 뭐니 뭐니 해도 악기 연주를 하고 밴드를 하는 데 있어 가장 큰 기쁨은 바로 공연이다. 단독으로 공연을 하기 위해서는 한두 시간을 채울 수 있을 만한 노래 수가 확보되어야 하지만 다른 밴드와 조인트 공연을 기획하면 부담을 덜 수 있다. 또 기존에 운영되는 라이브 클럽 등을 대관하면 드럼, 앰프 등 고가의 악기나 각종 음향장비가 갖추어져 있어 준비가 수월하다. 공간 크기나 공연 요일 등에 따라 대관 요금에 차이가 있지만 멤버들이 분담할 경우 비용이 크게 무리되지는 않을 것이다. 또 멤버들 각자 주변 지인들을 초대하고 저렴하게나마 입장료를 받으면 크게 손해 볼 일은 없다.

직장인 밴드 공연의 관객은 가족 혹은 회사 동료 등의 친지가 대부분이다. 그렇다고 해도 막상 무대에 오르면 무척이나 긴장되고 떨려서 연습 때만큼 실력이 발휘되지 않게 마련이다. 하지만 관객들은 음악을 즐기기 위해서라기보다는 멤버들을 격려하고 축하해주기 위해 참석한 것이기 때문에 그럴수록 더 큰 응원을 보낸다. 무대에 오르기 전의 설렘과 눈부신 조명 아래 사람들의 환호를 받으며 연주를 할 때의 가슴 벅참은 비할 데 없는 기쁨을 선사할 것이다. 이날만큼은 회사 다니랴 밴드 연습하랴 소홀했던 가족들에게 멋진 남편이자 자랑스러운 아빠가 될 수 있고, 직장 동료들에게도 자신의 새로운 모습을 선보일 수 있다.

꼭 악기를 잘 다루거나 노래를 잘해야 밴드를 할 수 있는 것은 아니다. 또 공연의 기쁨을 누릴 수 있는 방법이 밴드만 있는 것도 아니다. 직장인들로 구성된 합창단이나 연극 동호회도 많이 있고, 최근에는 직장인 오케스트라 등 다양한 활동을 하는 모임이 늘어나고 있다.

언젠가 꼭 한번 해보고 싶었던 무언가가 있다면 일단 용기를 내 시도해보는 게 중요하다. 진정 욕심이 있다면 지금 바로 시작하라. 어느 세월에 사람들 앞에 선보일 만한 실력을 쌓을 수 있을까 하는 회의가 들지라도 일단 첫발을 내딛어보자. 설령 마음만큼 실력이 늘지 않아 결국 무대에 서지는 못한다 한들 남부럽지 않은 취미가 하나 생기는 셈이다. 또 그렇게 포기하지 않고 꾸준히 연습하다 보면 나만의 꿈의 무대에 데뷔하는 날이 분명히 올 것이다.

2장
잘 얻은 **동료 하나,** **열 친구** **열 스승** 부럽지 않다

친한 척하다가 뒤통수치는 동료, 내가 밤새 작업한 프로젝트 기획을 마치 자기가 한 것처럼 보고하는 상사, 일은 엉망으로 하면서 불만만 많은 부하 직원… 오만 정 다 떨어지는 이런 사람들과 함께 일하노라면 정말 하루하루가 괴롭다.

많은 사람이 일보다는 인간관계 때문에 직장생활이 힘들다고 토로한다. 이해관계에 따라 언제든 안면을 바꾸기도 하고, 때로는 경쟁하고 때로는 협력하기도 하는 애매모호한 관계에 있는 것이 바로 직장 동료다. 그들과의 관계에서 발생하는 갖가지 문제들로 인해 업무 능력이 저하되는가 하면 심지어는 우울증에 걸리기까지 하는 사람도 있다고 한다. 내 의지와는 관계없이 회사가 일방적으로 엮은 사람들과 함께해야 한다는 것이 어쩌면 사회생활의 가장 큰 특징이자 어려움일 것이다.

매일같이 반나절을 함께 지내는 직장 동료나 상사가 얼굴을 마주하는 것조차 싫고, 얄미워서 말 섞기도 싫은 사람이 아니라 때때로 편하게 전화통화를 하고 싶고 어려운 일이 생겼을 때 조언을 청하고 싶은 사람이라면 얼마나 좋을까? 이는 불가능한 일이 아니다. 여기 작은 관점의 변화로 열 스승, 열 친구 부럽지 않은 동료를 얻은 사람들이 있다.

배우고 가르치니 좋지 아니한가

오세나

세상은 빠른 속도로 변하고 있다. 어제 배운 기술과 지식은 내일이면 쓸모가 없어진다. 나는 지난 10년간 통신회사에서 일하며 그 세상의 변화를 실감했다. 내가 처음 일을 시작할 때만 해도 유선전화와 호출기가 전부였다. 그런데 지금은 어떤가? 그 자리를 휴대전화가 차지했다. 이제 우리는 걸어 다니면서 TV를 보고, 얼굴을 보며 통화하는 세상을 살아가고 있다. 한때 통신회사 최고의 기술자는 전화 기술자였지만 초고속인터넷이 도입되면서 그쪽은 사양 영역이 되고 말았다. 어제의 지식에 만족해서는 안 된다. 끊임없이 새로운 것을 익히고 받아들여야 한다.

하지만 우리 직장인들은 시시각각 변하는 세상에 발맞추어나가기에는 해야 할 일이 너무도 많다. 상사의 눈치도 봐야 하고, 회식에도 참석해야 하고, 집안의 대소사도 챙겨야 한다. 배워야 할 게 있어 학원에 등록을 해도 꼬박꼬박 출석하기란 사실상 불가능에 가깝다. 또 내게 필요한 지식이나 정보를 가르쳐줄 만한 곳을 찾는 것 자체가 그리 만만치도 않다. 직장인에게 배움은 진정 먼 나라 이야기란 말인가?

대학에서 문과 계열 학과를 전공한 나는 졸업 후 당찮게도 한 통신 회사에 입사해 기업 영업 부서에 배치를 받았다. 처음 회의에 들어갔더니 30퍼센트 정도밖에 알아듣지 못했다. 당시 내가 느낀 절망은 이루 말할 수 없다. 관련 서적들을 읽어봐도 도통 이해가 되질 않았고, 회의 시 오가는 용어들에 대해 설명된 자료는 턱없이 부족했다. 또 늘 정신없이 바쁜 선배들에게 물어볼 엄두를 내기도 어려웠다. 나도 이제 몇 달 후면 밖에 나가서 우리 회사 제품을 팔아야 했다. 배움이 급했다.

그 조바심에 일단 나가서 뭐라도 하자는 심정으로 매일 새벽같이 출근했다. 그러기를 몇 주가 지나서 보니 기술 부서 베테랑으로 소문난 김 모 차장님도 나만큼이나 일찍 회사에 나와 책상에 앉아 열심히 뭔가를 했다. 하루는 궁금한 마음에 슬쩍 훔쳐보니 뜻밖에도 토익 공부를 하고 있었다. 사정을 여쭤 보니 승진에 필요한 요건만큼 성적이 나오질 않아 고민이 이만저만이 아니라는 것이었다. 한때 다니던 족집게 토익 학원에서 각종 시험 노하우를 익힌 나였기에 이때다 싶어 용기를 내 차장님에게 한 가지 제안을 했다.

"차장님, 제가 정답 찍는 요령 몇 가지 가르쳐드릴까요? 학원에서 배운 건데 저도 꽤 효과를 봤거든요."

"어, 정말 그런 게 있어? 그래주면 나야 고맙지만 염치가 없군 그래."

"그럼, 제가 요즘 보고 있는 기술 자료가 하나 있는데 설명을 좀 해주실 수 있을까요? 몇 번을 봐도 혼자서는 이해가 잘 안 되네요."

그날 이후 우리는 매일 출근시간 전 한 시간씩 서로 가르치고 배웠다. 나는 학원에서 배운 노하우는 물론 내가 개인적으로 터득한 요령들까지 꼼꼼히 챙겨 가르쳐드렸다. 그리고 차장님은 나를 장비실에 데려가 기계들이 실제로 어떻게 작동하는지 보여주면서 자료의 내용을 설명해주었다. 책으로는 도저히 이해되지 않던 것들이 직접 보고 만지면서 배우니 머릿속에 쏙쏙 들어왔다. 그러기를 두 달이 지나 차장님께서는 마침내 부장으로 승진했고, 나는 엔지니어들도 깜짝 놀랄 만큼 기술에 대해 빠삭해졌다.

지금 무언가 배워야 할 것이 있다면 일단 주변 동료들 중에 내게 필요한 지식이나 기술에 능통한 사람이 있는지 살펴보자. 한 회사에서 일하는 사람들은 대체로 비슷한 고민을 갖게 마련이니 나보다 먼저 그것을 익혔을 수도 있고, 직장인으로서 필요한 배움은 지금 하고 있는 업무와 관련된 것인 경우가 많으므로 선후배 동료들 가운데 내게 훌륭한 선생님이 되어줄 사람이 숨어 있을 가능성이 매우 크다.

내 주변에는 그러한 기회를 잘 활용한 사람이 많다. 한때 우리 부서에서 근무하던 황 모 대리는 기획 부서로 옮긴 후 '황 관장'이란 별명을 얻었다. 키가 크고 인물도 훤칠한 데다 이른바 '식스팩 몸짱'인 그가 동료 직원들에게 웨이트트레이닝 코치로서의 역할을 톡톡히 해주었기 때문이다. 부서를 옮긴 후 초반에는 가뜩이나 업무가 서투른데 기존 직원들의 텃세까지 심해 고생이 말이 아니었다. 하지만 잦은 야근과 그로 인한 운동 부족으로 복부 비만에 시달리던 기획 부서 사람들은 웨이트트레이닝 코치를 자청하고 나선 황 대리에게 서서히 마음을 열었고 줄어드는 뱃살만큼이나 그에 대한 마음의 벽도 줄어들었다.

재무 부서 봉 모 과장은 계산기 사용은 그 누구보다 빨랐지만 오피스 프로그램에는 익숙하지 않았다. 문서 하나 작성하려면 계산기로 일일이 계산해서 숫자를 넣느라 애를 먹었다. 그러다 엑셀의 사칙연산 함수 기능을 배웠는데 활용이 서툴다 보니 종종 계산이 틀리곤 했다. 봉 과장은 결국 창피함을 무릅쓰고 신입 사원 한 명에게 엑셀 사용법을 가르쳐달라고 부탁했다. 각종 단축키부터 매크로 사용법까지 실습을 통해 엑셀 전반을 마스터한 그는 이후 컴퓨터에 취미를 붙여 지금은 동영상 편집까지 수준급으로 할 정도의 실력을 갖게 되었다.

나는 이제 신입 사원이 들어오면 관심사는 무엇이고 특기는 무엇인지 그리고 혹시 뭔가 배우고 싶은 게 있는지 꼭 물어본다. 그리고 그의 취미나 장기가 내게 흥미로운 것이고 내가 그에게 도움을 줄 수 있는 것이 있으면 서로 가르쳐주고 배우자고 제안한다. 지금 내가 엑셀 단축키를 능수능란하게 쓰는 것도, 한때 음치였던 내가 이제는 적어도 노래방에서 기죽지 않을 정도가 된 것도 다 그들 덕분이다.

동료 간의 가르침과 배움을 통해 얻을 수 있는 또 한 가지 보람은 평생을 함께할 든든한 동반자가 생기는 것이다. 내가 신입 사원이던 시절 가르침을 주고받았던 김 차장님은 지금은 비록 다른 회사에서 일하고 있지만 지금도 서로의 든든한 후원자가 되어주고 있다. 또 이전에는 기술 분야에 있어서는 내가 차장님에게 일방적으로 도움을 받았지만 이제는 나도 어느 정도 경력이 쌓여 차장님이 사업계획서를 작성하거나 할 때 다소나마 보탬을 주고 있다. 새벽 시간을 함께하며 쌓인 신뢰가 우리를 지금까지 묶어주고 있는 것이다. 가르침과 배움을 계기로 나와 인연을 맺은 신입 사원들도 이제는 제법 업무에 능숙해져 각자의 자리에서 한몫을 해내고 있는 것을 보면 뿌듯하다.

우리는 핑계가 너무 많았던 것은 아닐까? 우리가 바랐지만 이루지 못한 일 중에 정말 할 수 없었던 것은 얼마나 될까? 오늘부터라도 '삼인행 필유아사三人行 必有我師'의 마음으로 내 주변 사람들을 살펴보자. 그들에게만 배워도 자신이 원하는 많은 일을 할 수 있다. 파랑새도, 평생의 스승도 당신의 가까운 곳에 있다.

유한킴벌리의 사내 교육

■ ■ ■

유한킴벌리는 직원 교육에 강한 회사다. 4일 일하고 4일 쉬는 근무 체제를 도입함으로써 확보된 여유 시간을 교육에 활용하기 때문이기도 하지만 이보다 더 주효한 것은 바로 직원들이 서로 가르치고 배우는 '사내교수'와 'A-클래스 스쿨' 제도다. 경험이 많은 생산직 근로자들 중에서 선발되는 사내교수는 생산 현장에서 몸소 경험한 것들을 이론에 접목시켜 임직원의 눈높이에 맞춘 교육을 제공한다. 사내교수들은 강의실뿐 아니라 생산 현장에서도 직접 기계를 조립하고 분해해 보이면서 살아 있는 교육을 시행한다. 유한킴벌리 군포 공장에서 시행하고 있는 A-클래스 스쿨은 원어민 수준의 영어를 구사하는 직원들이 동료나 동료의 가족들에게 영어를 가르치는 프로그램인데 이용자들의 반응이 뜨겁다고 한다.

나만의 '패밀리'를 만들어라

정경빈

잘 맞는 동료들과 함께 일하게 되는 것은 직장생활에 있어 큰 복이다. 내가 신입 사원으로 입사해 사회생활을 처음 시작했을 당시 우리 부서는 팀워크가 탄탄했고 선배 팀원 모두 좋은 사람들이었다. 그들과는 업무적으로도 친했지만 일과 후에도 스스럼없이 어울릴 만큼 터놓고 지냈고, 1년에 한두 번 정도는 팀원 전체가 가족 동반으로 여행을 다녀오기도 했다. 그러다 보니 주변의 동기들이나 친구들이 팀 동료들에 대한 불만을 딜어놓을 때 공감하기가 어려웠다. 하지만 세월이 흘러 그 선배들이 자리를 옮기고 나 역시 다른 부서로 옮겨다니다 보니 그런 사람들을 동료로 만났다는 것이 얼마나 행운이었는지 깨닫게 되었다.

혹시 직장에 사석에서만큼은 형, 오빠 혹은 누나, 언니라고 부르는 친한 선배가 있는가? 아니면 나를 그렇게 부르며 잘 따르는 후배가 있는가? 친한 친구처럼 마음과 마음이 통하고, 언제든지 고민을 털어놓을 수 있고, 어려울 때 손을 내밀어 끌어줄 수 있는 그런 사람 말이다. 경험해 본 사람들은 잘 알겠지만 직장에 이런 동료가 있으면 큰 힘이 된다. 그 사람이 같은 부서에서 일하고 있다면 서로의 업무에 도움을 주고받으며 신바람 나게 일할 수 있고, 다른 부서에서 일하는 사람이라면 업무를 처리하기가 훨씬 수월하다. 이를테면 필요한 정보를 쉽게 얻을 수도 있고, 원칙상 공문을 보내야 도움을 청할 수 있는 일을 전화 한 통화로 처리할 수 있기도 하다.

회사 내에 자신의 '패밀리'가 얼마나 있는지 한번 돌아보자. 직장생활을 해나감에 있어 언제든 주저하지 않고 도움을 청할 수 있을 만한 인적 네트워크 말이다. 이해를 따지며 의식적으로 인간관계를 조성할 필요까지는 없지만 현재 시점에서 내 주변 사람들과의 네트워크 관계를 정리해두면 앞으로 직장생활을 하는 데 큰 도움이 된다. 특히 지금 다니는 직장에서 좀 더 높은 위치에 오르고 싶다면 내 패밀리의 역할은 무척이나 중요할 것이다.

나는 사원 교육 담당 부서에서 일할 당시 업무상 누군가의 도움이 필요할 만한 분야를 구분하고 각각에 적합한 사람들을 꼽아 엑

셀 파일로 따로 정리해두었다. 그리고 틈틈이 살펴보며 업데이트를 했는데 그때그때마다 무척이나 큰 도움이 되었다. 이를테면 경쟁사의 직원 교육 최신 동향이 궁금할 때면 여러 해 동안 업계 담당자 모임의 총무를 맡고 있는 박 차장님을 찾아가고, 회사 안에서 뭔가 심상치 않은 변화의 기미가 보이면 회사 임원들과 두루 친한 최 과장님께 전화를 했다. 또 사원 교육 과정에 쓸 영상 자료가 필요할 때는 같은 팀 김 대리만 한 사람이 없었다.

한번은 급히 처리해야 할 업무가 있는데 컴퓨터가 사내 네트워크에 연결이 되지 않아 전산팀에 전화를 걸었더니 나와 같은 증상을 겪는 사람이 많았는지 한 시간 이상 기다려야 한다고 했다. 그래서 전에 전산팀에 근무하다 현재는 다른 부서에서 일하고 있는 후배에게 전화를 했더니 곧장 원격으로 조정하여 간단히 문제를 해결해주었다.

이렇게 나를 지원해줄 동료들 목록을 정리해놓으니 무척 든든했다. 그들이 그저 친한 동료가 아니라 내게 도움이 될 나름의 특기를 가진 사람이라고 생각하니 천군만마를 얻은 듯했다. 또 업무적으로뿐만 아니라 사적인 영역에서도 내 조력자들을 찾을 수 있었다. 나와 친분이 있는 사내 동료 중에는 와인, 사진, 자동차 등의 분야에 전문적 수준의 지식을 가진 이들이 있어 때때로 큰 힘이 된다.

혹자는 가까운 사람들이 뭘 잘하고 전문 분야가 무엇인지야 그때그때 자연스레 떠오르게 마련인데 굳이 엑셀 파일로 정리할 필요까지 있냐고 할 수도 있다. 하지만 나는 뭔가 도움이 필요해 고민을 거듭하다 지푸라기라도 잡는 심정으로 그 파일을 열었다가 뜻밖의 적임자를 발견할 때가 종종 있었다. 그렇게 몇 차례 수혜를 받고 나서는 회사 동료들뿐만이 아니라 내가 아는 모든 지인을 대상으로 폭을 넓혀 그들의 집 주소, 직장, 전공, 특기 등을 정리해 추가했다.

이처럼 유용한 자신만의 네트워크를 유지하기 위해서는 한 가지 기억해야 할 사항이 있다. 나 또한 그들에게 조력자가 되어주어야 한다는 것이다. 즉, 나 역시 그의 패밀리가 되어주어야 한다. 그렇지 않고서는 그 네트워크에 접속할 수가 없다. 주는 게 있어야 받는 것도 생기는 법이다. 나는 주변 사람들에게 독서 코치의 역할을 해주거나 글쓰기에 도움을 주고 있다. '책' 하면 나를 떠올리게 하는 것이다. 이런 이미지 때문인지 기획안을 구상하거나 아이디어가 필요할 때에도 나를 찾는 동료가 많다.

패밀리 네트워크의 매력은 내가 가지고 있지 않은 것을 보완할 수 있다는 데 있다. 혼자서는 도저히 해결할 수 없는 일도 여러 사람의 도움을 받으면 의외로 쉽게 풀리곤 한다. 관우, 장비, 제갈공

명, 유비처럼, 아서왕과 원탁의 기사들처럼, 오션스 일레븐처럼 자신만의 패밀리들과 상부상조하며 동료들과 함께함으로써만 누릴 수 있는 직장생활의 참맛을 느껴보자.

동료의 속마음을 읽는 몰래 인터뷰

정경빈

몇 해 전 회사에서 한 가지 미션이 주어졌다. 한 해 동안 우수한 실적을 낸 영업사원들을 찾아가 그들의 이야기를 듣고 성공 사례를 수집해서 전사에 배포하는 것이었다. 나는 먼저 후보자 목록을 만들었다. 그해 우수 사원들 중 이전부터 꾸준히 잘해온 사람들을 일차적으로 추리고 그중에서도 가장 모범이 될 만한 사람 다섯 명을 최종 선발하여 인터뷰 일정을 잡았다.

인터뷰는 한 명씩 온종일 진행되었다. 인터뷰 장면은 물론 그들이 현장에서 활동하는 장면까지 영상으로 담다 보니 하루만으로는 부족하기도 했다. 하지만 공들인 만큼 결과는 무척 좋았다. 아침 시간은 어떻게 보내는지, 출근 후에 바로 하는 일은 무엇인지, 고객과 전화 통화를 어떻게 하는지, 고객을 만나 어떤 이야기를 나누고 어떤 자세로 이야기를 듣고 말하는지 등 그들의 하루 일과를 아주 세세하게 들여다볼 수 있었다. 이렇게 인터뷰한 동영상은 30분 정도의 분량으로 편집되어 전사에 배포되었고, 직접 찾아가 들을 수 없는 사람들에게 많은 도움을 주었다.

이때의 경험으로 나는 인터뷰에 재미가 붙었다. 궁금한 점을 미리 정리하여 묻고 답하는 과정을 통해 상대방을 깊이 이해할 수 있었기 때문이다. 그리고 친구나 직장 동료들과 만날 때도 은연중에 인터뷰 방식으로 대화를 이끌어보았다. 그저 식사나 차를 함께 하며 안부를 묻는 수준을 넘어 10분이든 20분이든 평소 궁금했던 점들에 대해 캐물었다.

그렇게 첫 번째로 만난 사람은 프리랜서 자기계발 강사로 활동하는 한 후배였다. 비교적 젊은 나이임에도 벌써 고정 강의처를 몇 곳이나 확보했을 만큼 입지를 굳힌 그의 비결이 궁금했다. 향후 나의 진로를 설계하는 데 큰 도움이 될 것 같았기 때문이다. 나는 준비해 간 몇 가지 질문을 차례로 던지며 궁금증을 풀어가기 시작했다.

"그나저나 어떻게 하다 자기계발 강사가 된 거야? 무슨 특별한 계기가 있었어?"

"처음에는 제가 강사가 될 거라고는 생각 못했어요. 학창 시절 그저 좀 더 나은 사람이 되고 싶은 마음에 책도 많이 읽고 이런저런 강의도 많이 듣다 보니 점점 자기계발이라는 분야에 빠져든 것 같아요. 특히 시간 관리에 관심이 많았는데 배우고 경험한 바를 글로 써보기도 하고 다른 사람들에게 이야기해주기도 하면서 강사가 되고 싶은 희망을 갖게 됐죠. 그래서 일단 대학을 졸업하고 자기계발 센터에 들어가 몇 년간 강의 경험도 쌓고 나름 제 고객층을 만들었어요. 사실 의도적으로 고객을 확보했다기보다는 일에 대한 열정이 있다 보니 그들도 제 강의에 만족했던 것 같고 프리랜서가 된 이후에도 지속적으로 인연을 이어오고 있죠."

"실례되는 질문일지 모르겠는데 그럼 혹시 센터에 소속되어 있을 때보다 수입이 줄거나 하지는 않았어?"

"아니요, 오히려 마음만 먹으면 더 벌 수도 있을 것 같은데 돈에 욕심내 강의를 늘리면 스스로 학습할 시간이 줄어서 아무래도 콘텐츠의 질이 떨어질 것 같아요. 그래서 월 단위로 정해진 횟수만큼만 강의 접수를 받아요."

두 시간가량 진행된 이날 인터뷰를 통해 그저 책 읽기를 좋아하는 조용한 친구인줄로만 알았던 그가 자기가 하는 일에 모든 열정을 바치고 있는 사람이라는 것을 알게 되었고 이는 내게 아주 큰 자극이 되었다.

이후 일대일로 누군가를 만날 기회가 생기면 내 나름대로 준비를 해 인터뷰를 했다. 그렇다고 대놓고 인터뷰를 하자고 덤빈 것은 아니다. 그저 만나기 전에 평소 상대방에게 궁금했던 점이나 그 사람의 전문 분야와 관련해 알고 싶은 것들을 미리 정리해두었다가 대화 중 틈날 때마다 질문을 던졌다. 그럼 대부분은 그리 거북해 하지 않고 편하게 대답해주었다. 오히려 자기만 너무 말을 많이 한 것 같다며 머쓱해 할 때가 많았다.

아무래도 내 인터뷰 상대는 직장 동료가 많았다. 식사를 함께하거나 일하다 잠시 차를 마시며 쉬거나 할 때를 활용했는데 상사나 선배들에게는 주로 오랜 직장 생활 간 있었던 무용담을 들었고, 동년배 동료들에게는 그때그때의 고민거리나 다른 직원들과의 관계를 물었다. 또 후배들의 경우에는 아직 미혼인 경우가 많아 연애 이야기가 주를 이루었다. 이렇게 신변잡기적인 내용으로 시작된 대화는 그들의 업무, 가치관, 비전 등에 대한 이야기로까지 이어졌고 그러면서 그때껏 모르던 그들의 새로운 면모를 엿볼 수 있었고 각자 나름의 배울 점이 있었다. 또 평소 관계가 소원했던 사람과도 한결 가까워질 수 있었다.

나처럼 주변 누군가를 인터뷰해보고 싶다면 가장 염두에 두어야 할 것이 있다. 먼저, 미리 질문을 준비해야 한다. '만나서 얼굴 보면 떠오르겠지' 하는 안일한 태도로는 또 그저 그런 대화만 오가기 십상이다. 만날 약속을 잡았으면 그 전에 상대방을 떠올리며 그에 대해 궁금한 것들을 정리해두어야 한다. 미처 준비하지 못했다면 만나러 가는 길에라도 간단한 질문거리들을 생각해보라.

그리고 질문을 할 때에는 꼬리에 꼬리를 물듯 질문을 해야 한다. 그래야 보다 속 깊은 이야기를 들을 수 있다. 이를테면, 상대방이 자신과는 다른 분야의 업무를 하는 사람인데 대화 도중에 생소한 전문용어가 나오면 어물쩍 넘어갈 것이 아니라 그 의미에 대해서도 꼬치꼬치 캐물어야 한다. 대충 넘겨짚는 식으로 대화가 오가면 대화가 깊어지기가 어렵다.

마지막으로, 가장 중요한 것은 잘 듣는 것이다. 실컷 질문해놓고는 정작 머릿속으로는 다른 생각을 하고 있으면 아무 소용이 없다. 무턱대고 이것저것 물을 것이 아니라 핵심적인 질문을 하고 일단 그 대답에 귀를 기울이면서 곁다리 질문을 하는 식으로 대화를 이끌자.

동료들과의 관계가 직장생활의 반 이상이라 해도 과언이 아니다. 일만큼 중요한 것이 동료 관계다. 하지만 친구처럼 가까이 지낼 만한 동료를 찾기란 그리 쉽지 않은 일이다. 하루 온종일을 함께하면서도 왠지 모를 선입관으로 인해 마음의 거리를 좁히기가 어렵다. 하지만 자신이 먼저 적극적으로 다가가 그들을 이해하고자 노력한다면 일터에서도 얼마든지 마음 든든한 친구를 얻을 수 있다.

뒤끝 남기지 않는 지혜로운 불만 해소법

오병곤

회사 생활을 하다 보면 직장을 때려치우고 싶어질 정도로 불만이 깊어지기도 한다. 그럴 때면 마음속으로 스스로를 타이른다. '직장 생활이 마냥 만족스럽기만 한 직장인이 어디 있겠어? 나라고 별 수 없지.' 그렇게 위로 반, 체념 반의 마음으로 불만을 잠재운다.

직장인의 불만 가운데 가장 큰 것은 무엇일까? 한 조사에 따르면 그것은 동료, 부하직원, 상사 등 함께 일하는 사람들과의 관계에서 생기는 불만이라고 한다. 한때 내가 모시던 모 부장님은 엔터 키 하나만 누르면 자료가 술술 나오는 줄 아는지 시도 때도 없이 각종 보고서를 주문했고, 또 기껏 작성해 가면 이런 걸 뭣 하러 해왔냐며 타박을 해대기도 했다. 오죽하면 직장인이 가장 즐거운 날은 상사가 휴가나 출장으로 자리를 비우는 '무두일無頭日'이란 말까지 나왔을까.

그렇다고 분에 못 이겨 불만의 감정을 그대로 표출했다가는 돌이키지 못할 결과를 초래할 수도 있기에 꾹꾹 참아야 한다. 그로 인해 나날이 쌓이는 스트레스를 제대로 풀 길은 그리 변변치 못하다. 술이나 담배 혹은 같은 불만을 가진 동료들 간에 주고받는 뒷소리 정도가 고작인데 이는 잠깐의 위안을 줄 뿐 '불만은 죽지 않는다. 다만 잠시 사라질 뿐이다.'

나는 나이 서른을 목전에 두고 경력 사원으로 첫 이직을 했다. 그때 함께 입사한 동기 중에 지금도 가까이 지내는 사람이 하나 있다. 하지만 그와의 첫 만남은 그리 순탄치 않았다. 그는 나와 같은 날 회사에 들어오기는 했지만 직책상 과장으로서 내 상사였고, 사적으로는 별 문제가 없었지만 업무상 부딪치는 일이 많았다.

그로 인해 차츰 불편한 마음이 쌓여가고 있던 어느 날이었다. 과장님은 나를 부르더니 새로운 일감을 주며 마감일을 못 박았다. 가뜩이나 일이 많아 연일 야근을 하고 있던 터였기에 좀 더 여유를 달라고 했지만 일언지하에 묵살당했다. 마침내 그간 쌓인 불만이 폭발하고 말았다. 달리는 말에 채찍질을 하는 것도 아니고 점점 더 가중되는 압박을 견딜 수가 없었다. 또 업무적으로 힘든 것을 떠나서라도 그러한 무리한 업무 지시는 옳지 않다고 생각했다.

“아니, 되지도 않을 일을 그렇게 무턱대고 시키면 도대체 나보고 어쩌라는 겁니까!”

내 말이 끝나기가 무섭게 온갖 상스러운 말들과 함께 컴퓨터 키보드가 날아들었고 주먹다짐 직전의 상황에 이르렀다. 다른 동료들이 간신히 떼놓기는 했지만 둘 모두 적지 않은 마음의 상처를 받았다.

이후 한동안 우리는 서로에게 말을 거는 일이 없었고 사무실에는 냉랭하고 서먹한 분위기가 흘렀다. 그런 상태로 업무가 제대로 이루어질 리 없었고 나 때문에 다른 직원들도 덩달아 피해를 입고 있다는 죄책감에 마음이 무거웠다.

결국 견디다 못한 내가 먼저 자존심을 꺾고 말을 건넸다.

“과장님, 시간 되시면 차 한 잔 하지 않으시겠습니까?”

과장님도 기다렸다는 듯이 순순히 응했다. 자판기에서 커피 두 잔을 뽑아 옥상으로 올라갔다.

“그날은 죄송했습니다. 제가 철없이 행동했습니다. 용서해주십시오.”

“아니야, 우선 실무자인 자네 이야기를 찬찬히 들어봤어야 하는 건데 내가 무심했어.”

일단 그렇게 마음이 누그러지자 전에는 미처 나누지 못했던 대화가 오갔다. 과장님 또한 그의 상사로부터 일정을 준수하라는 압

박을 받고 있던 터였기에 내게 무리한 지시를 내릴 수밖에 없었다는 것을 알게 되었다. 그 역시 그런 처사에 불만이 컸지만 입사한 지 얼마 되지 않은 입장에서 윗분들의 지시 사항을 거스르는 게 쉽지 않았던 것이다.

서로 이런저런 사정을 털어놓은 우리는 경영진에 조금이나마 마감 기한 연장을 요청하기로 했고, 이를 계기로 그에 대한 내 불만은 눈 녹듯이 사라졌다. 뿐만 아니라 둘도 없는 사내 선후배로서 돈독한 연을 맺게 되었다.

『사람의 성격을 읽는 법』이라는 책이 있다. 다양한 유형의 성격이 조목조목 친절하게 설명되어 있는데 나는 이를 읽고 사람들이 참 저마다 다르다는 것을 이해하게 되었다. 가령 옳고 그름을 의사 결정의 절대 기준으로 삼는 논리적 성향의 사람이 있는 데 반해 나처럼 매사를 호불호로 결정하는 감정적 성향의 사람도 있다. 이런 차이를 그저 나와 다른 기질적 특성으로 이해하니 그들에 대해 갖고 있던 선입견이 사그라졌다.

또 평소 비춰지는 누군가의 행동이나 성격이 못마땅하게 느껴질 때 스스로를 돌아보면 자기에게도 어느 정도는 그런 부분이 있게 마련이다. '하긴 나도 가끔 그럴 때가 있지' 하는 너그럽고 여유로운 마음으로 상대방을 대하다 보면 자연스레 오해가 풀리고 관계가 개선된다.

직장인이면 상사건 부하건 간에 함께 일하는 사람 중 누군가에게 크고 작은 불만이 생기는 법이다. 하지만 내가 불만을 느낀다면 그 상대방 또한 내게 불만을 갖고 있을 가능성이 높다. 불만은 서로 간의 차이에서 발생하기 때문이다. 그 차이는 업무상의 입장 차이일 수도 있고, 성격적 기질의 차이일 수도 있다. 어떤 차이건 간에 이는 쌍방이 함께 느끼는 것이므로 불만 또한 양측 모두에서 생기는 것이다.

불만을 해소하기 위해서는 그 차이로 인해 생기는 벽을 허물어야 한다. 불만을 감정적으로 드러냈다가는 그 벽은 오히려 더 높고 공고해질 뿐이다. 그럼으로써 손해를 보는 것은 결국 자기 자신이다. 누군가에게 불만이 있다면 그가 나와 어떻게 다른지 파악해야 한다. 우선 열린 마음으로 상대방의 이야기에 귀 기울여보자. 이로써 서로의 차이를 이해해가다 보면 자연스레 서로에게 호감이 생기게 마련이고, 직장생활에서 생길 수밖에 없는 갈등의 불씨들을 감정적 분출이 아닌 암묵적 이해나 이성적 대화로써 해소해 나갈 수 있을 것이다.

피로가 싹 가시는 한 통의 메일

오병곤

2006년 정월 초, 나는 경기도 양평의 한 펜션에서 열린 구본형 변화경영연구소의 '나를 찾아 떠나는 여행' 프로그램에 참가했다. 참가자들은 서로를 처음 본 터라 다들 서먹서먹해 했다. 그러다 공공기관에서 홍보 업무를 담당하고 있다는 박성은이라는 여성 참가자와 이야기를 나누게 되었다. 나보다 어리기도 하고 친해지고 싶은 마음에 무심코 말을 놓았는데 그녀의 반응은 싸늘했다.

"왜, 갑자기 말을 놓으세요?"

"……."

그렇게 첫 대면을 한 이후 프로그램 참가자 모임에서 지속적으로 만남을 가졌지만 마음 한구석이 늘 불편했다. 그러다 변화경영연구소에서 주최한 직장인 대상 1박 2일 프로그램의 준비위원으로 함께 일하면서 대화할 기회가 많아졌고 까칠한 줄로만 알았던 그녀의 새로운 모습을 발견하게 되었다. 프로그램을 소개하는 안내 책자를 제작하는 등 여러 가지 일을 도맡아 빈틈없이 처리해주었는데 그녀의 까칠함은 사실 프로페셔널 근성의 발로였던 것이다. 그뿐만이 아니었다. 다들 직장인이다 보니 준비위원 중 몇몇은 분담했던 일을 미처 못 하기도 했는데 그녀는 그들의 입장을 십분 이해하고 불평 없이 그 일들을 대신 처리해주었다. 그리고 다른 회원들의 생일을 꼬박꼬박 잊지 않고 챙겨주는 등 세심한 배려를 보여주기도 했다.

나는 그녀에게 고마움의 마음을 표시하고 싶었다. 뭔가 진심이 드러나는 선물이 없을까 고민하던 끝에 예전에 읽었던 『60초 소설』이라는 책에서 힌트를 얻었다. 소설가를 꿈꾸던 평범한 직장인 댄 헐리는 어느 날부턴가 타자기를 가지고 거리에 나가 지나가는 사람들에게 60초에 한 편씩 소설을 써주기 시작했고 뜻밖에도 좋은 반응을 얻어 그 이야기를 엮어 책을 냈다. 「피플」지는 그를 '거리의 셰익스피어'라고 칭했고 한 일간지는 '길모퉁이의 마르셀 프루스트, 상점 앞의 프로이트'로 일컬었다. 나는 그가 60초라는 짧은 시간 동안 쓴 이야기로 사람들에게 감동을 주었던 것처럼 나를 비롯한 동료들이 조금씩만 시간을 투자해 그녀에게 릴레이식의 칭찬 메일을 보내면 무엇보다 값진 선물이 되리라 확신했다.

보낸 사람 | "오병곤"

받는 사람 | "임춘탁", "홍승완", "추경훈", "이성원", "차정원", "박재원", "류경아"

제목 | 성은이를 위한 칭찬 릴레이 메시지

한 가지 재밌는 제안을 할까 합니다.

우리 모임을 위해 동분서주하고 있는 성은이에게 다 같이 칭찬샤워를 한번 해주면 어떨까요?

지난 금요일 모임에서 토론을 끝내고 나오니 비가 내리고 있었는데 자기는 택시 타고 가면 된다며 우산을 내게 건네는 성은이를 보니 가슴이 찡했습니다.

각설하고 '춘탁→승완→경훈→성원→정원→경아→재원→병곤' 순으로 성은이에게 하고 싶은 말을 담아 답 메일을 보내 칭찬 릴레이를 해봅시다. 마지막에 'RE:RE:RE:RE:RE:RE:RE:RE:…'로 이어지는 메일을 받으면 성은이의 마음이 무척 뿌듯할 겁니다. 너무 길게는 말고 임팩트 있게 애정을 듬뿍 담읍시다.

자, 그럼 춘탁이부터 Start! 순서를 다 돌면 제가 마지막으로 성은이에게 감동의 폭탄을 날리겠습니다.^^

우리가 성은이에게 보낸 메일 내용 가운데 몇 가지를 추려 보면 다음과 같다.

박성은, 그녀는 야생화다.

눈빛이 그렇고 할 말은 하는 거침없음이 그렇다.

그녀의 생명력은 온실보다 들에서 눈부시다.

건물보다 자연 속에 있을 때 그녀는 자유롭다.

자유로울수록 그녀는 강해진다.

그녀는 그래서 야생화다.

....

솔직히 말할게.

성은을 만나면 내 스스로가 자꾸 부끄러워져.

끊임없이 배려해주고

따뜻한 눈빛을 날려주고

아낌없는 칭찬과 공감을 표현해주는

너의 모습을 보면 자꾸 부끄럽고 반성하게 돼.

그리고 칭찬 릴레이 메일을 받은 성은이는 우리 모두에게 답장을 보냈다.

보낸 사람 | "박성은"

받는 사람 | "임춘탁", "홍승완", "추경훈", "이성원", "차정원", "박재원", "류경아", "오병곤"

제목 | RE:RE:RE:RE:RE:RE:RE:RE: 성은이를 위한 칭찬 릴레이 메시지

음… 무슨 말을 해야 할지 잘 모르겠습니다.

한 사람 한 사람 각자의 매력이 드러나는 글을 빨려 들어가듯 정신없이 읽었습니다. 처음에는 '뭐야?' 하는 호기심이 발동했고 약간 놀라기도 했습니다. 그리고 결국 코끝이 찡해졌습니다.

좀 과한 칭찬이라 부담스럽기도 하지만 앞으로 더 잘하라는 메시지로 받아들이겠습니다. 나중에 못된 생각 들 때마다 오늘 받은 메일들을 떠올리며 정신 차려야겠습니다.

마음을 서로 나누는 것만큼 아름다운 일은 없는 것 같습니다.

고맙습니다.^^

성은이는 생각했던 것보다 더 큰 감동을 받은 모양이었다. 그녀가 보낸 답 메일을 읽으며 뿌듯해 하고 있는데 문자 메시지가 한 통 도착했다. "참 멋진 아이디어인 거 같아요. 우리 종종 다른 사

람에게도 해봐요. 정말 고마워요.^^" 그녀의 말처럼 가장 아름다운 것은 진실한 마음을 나누는 것임을 다시 한 번 깨달았다.

한 사무실에 근무하며 하루 중 가장 많은 시간을 함께 보내는 사람들과 서먹한 관계로 지낸다면 직장 생활이 즐거울 리 없다. 즐거움은 사람과의 관계에서 나온다. 소소한 실천만으로도 서로에게 기쁨을 주는 친근한 관계로 발전할 수 있다.

회사에 나의 팬을 모아라

오병곤

"사람들이 그들의 가장 바람직한 모습이 될 수 있도록 도와주어라. 그리고 그들이 이미 가장 바람직한 모습이 된 것처럼 대하라."

– 요한 볼프강 폰 괴테

나는 지난 직장생활 17년 동안 회사를 세 번 옮겼다. 직장을 그만둬본 사람은 알 것이다. 이전 직장 동료들과 유대가 지속되는 경우는 흔치 않다. 매일같이 함께 지내다가도 막상 회사를 그만두면, 아니 심지어 부서만 옮겨도 남남이 되곤 한다. 직장에서의 인간관계는 기본적으로 이해利害를 바탕으로 하기 때문에 강한 신뢰가 형성되기 어렵다. 한 배를 탔다가도 그 이해관계에 따라 배를 갈아타야 할 상황이 펼쳐진다. 나는 그렇게 서로가 서로에게 등을 돌리는 모습을 수없이 보았다.

삶의 3할 이상을 회사에서 보내는데 그 안에서 진실한 인연을 맺을 수는 없는 걸까? 일을 계기로 만난 사람이더라도 그런 관계의 벽을 넘어 인생을 함께할 동반자가 될 수는 없을까?

대학에서 인문학을 전공한 나는 우연찮게 IT 분야에서 일하게 되었고 직장생활 초기에 마음고생이 심했다. 업무적 특성 때문인지 직원들이 지나치게 논리적이고 원리 원칙을 내세우는 성향이 강해 나로서는 친해지기가 어려웠다. 당연히 회사 생활이 원만하지 못했고, 툭하면 동료나 상사와 언쟁을 벌이는 등 갈등이 많았다. 어찌어찌하다 보니 과장의 자리에까지 오르기는 했지만 급기야 공황장애라는 병을 겪을 정도로 힘든 시절을 보냈다.

그러던 어느 날, 퇴근 후 동료들과 가진 술자리에서 한 여직원이 무심코 던진 한마디는 내게 큰 충격을 주었다.

"과장님의 최대 장점은 친화력이에요."

"……내가?"

"에이, 과장님도 잘 아시면서……. 부담 없고 편한 게 과장님의 유일한 매력인걸요?"

그때 깨달았다. '그래, 내가 가진 장점들을 살폈어야 하는데 갖지 못한 것들에만 신경을 곤두세우다 보니 스트레스를 받아온 거

야. 우선 나 자신을 멋지게 가꾸자.'

꽃 한 번 제대로 피워보지도 못한 채 이대로 질 수는 없는 노릇이었다. 또 당시 다음 해에 있을 진급 심사에서 자신이 없기도 했다. 나는 뭔가 나만의 무기를 만들어야만 했다.

그로부터 5년이 지나는 동안 나는 업계 최고의 자격증인 기술사를 취득했고 그간의 경험을 바탕으로 첫 책을 출간했다. 회사에서도 적극적으로 일을 추진해 큰 성과를 만들어냈다. 회사에서 나를 모르는 사람이 없을 정도로 나는 유명세를 탔고 나를 따르는 동료가 점점 많아졌다.

내 경험에 비추어 볼 때 사람들과의 관계를 발전시킬 수 있는 가장 효과적인 방법은 우선 내가 매력적인 사람이 되는 것이다. 매력이란 자기에게 묻혀 있는 가장 아름답고 위대한 것을 끌어낸 사람들이 가진 무언가다. 먼저 스스로를 돌봐 빛나게 하면 자연스레 사람이 모이게 마련이다. 나의 첫 번째 팬은 다름 아닌 자기 자신이어야 한다.

현재 내 주요 업무는 컨설팅인데 일의 특성상 늘 새로운 고객을 만난다. 나는 늘 그들을 진심으로 대하며 내 팬으로 만들기 위해 노력한다. 비즈니스가 성사되려면 원만한 관계 조성이 필수기 때문이다. 초면에 상대방과 악수를 하고 명함을 건네면 '기술사'라는 문구에 흠칫 놀란다. 이렇게 우선 내 업무 전문성을 알리고 식사나 차를 함께하며 내 최대의 장점인 친화력을 발휘해 마음을 열게 한다. 그리고 직접 사인을 한 내 책을 선물한다. 이렇게 나에 대한 신뢰를 구축한 후에 본론으로 들어가 비즈니스 제안을 하면 상대방을 설득하기가 한결 수월하다.

하지만 매력만으로 좋은 관계가 지속되지는 않는다. 평소 그 관계를 잘 돌보아야 한다. 이를테면 제아무리 좋은 인상을 받은 사람이라 해도 한참이나 연락 한 번 없다가 어느 날 갑자기 찾아가 도움을 요청한다면 아무래도 내키지 않게 마련이다. 누군가와 관계를 돈독히 유지하고 싶다면 늘 시간을 투자해 관심과 애정을 보여주어야 한다. 나는 늘 머릿속에 스무 명 정도의 사람을 염두에 두었다가 그들에게 도움이 될 만한 아이디어가 떠오르거나 좋은 정보를 발견하면 이메일이나 문자 메시지로 알려준다. 그렇게 그들에 대한 나의 관심을 확인시켜주는 것이다.

나는 아침에 출근하면 그날그날 해야 할 일을 정리하는데 그때마다 '오늘은 누구를 기쁘게 해줄 것인가?'라고 스스로에게 질문한다. 그들에게 들이는 시간은 내 투자다. 사람이야말로 가장 중요한 투자처이기 때문이다. 나는 그동안 여러 시행착오를 겪으며 앞서 이야기한 것과 같은 나름의 지혜를 터득하고 이를 실천해 좋은 사람을 많이 얻었다. 그리고 지금 그들은 무엇보다 소중한 나의 재산이 되었다. 마음에 드는 누군가를 만났다면 보다 친밀한 관계로 발전시키기 위한 노력을 아끼지 말자. 결국 한 사람의 인생이 어떠했는지는 그가 어떤 이들과 함께했느냐가 말해주는 법이다.

마음의 거리를 좁히는 훈훈한 사내 이벤트

이은미

직장인이라면 대개 가족이나 친구보다도 직장 동료들과 더 많은 시간을 같이하게 마련이다. 또 야근하고 회식하고 하다 보면 사실상 자는 시간 빼면 꼬박 하루를 그들과 보내는 날도 많다. 하지만 그들과 업무 이외의 무언가를 함께하는 일은 극히 드물다. 이따금씩 술자리를 갖고 회사에 대한 불평불만을 털어놓거나 누군가를 험담하는 게 고작이다.

우리 회사는 지난해 5월 '행복한 우리 가족'을 주제로 가족사진 콘테스트를 열었다. 가족 여행권이 딸린 5일간의 휴일이 부상으로 걸려 있어 직원들의 호응이 뜨거웠다. 출품작들 가운데 선별된 사진들은 사내 복도에 게시되었고 이와 더불어 직원 투표가 진행되었다. 그리고 두 딸과 함께한 가족 음악회의 모습을 담은 오 과장네 사진과 홀어머니와 단 둘이 찍은 김 대리의 사진이 각각 최우수상, 우수상을 받았다.

이 일주일간의 가족사진 콘테스트를 통해 우리는 지금껏 미처 알지 못했던 동료들의 삶을 좀 더 깊이 이해하게 되었다. 그리고 마치 전 직원이 한 가족이 된 듯한 훈훈한 기분을 느낄 수 있었다.

그런데 콘테스트가 끝난 후 우리 막내 직원이 그 사진들로 회사 달력을 만들어 보면 어떻겠냐는 제안을 했다. 한 TV 예능 프로그램에서 매해 출연자들의 활동 모습을 담아 달력을 만들어 좋은 반응을 얻은 데 착안한 것이었다. 많은 직원이 이에 열렬한 찬성을 보낸 결과 우리는 수상작을 비롯해 열두 개의 사진을 뽑아 연말 홍보용 달력을 제작했다. 각 달에 들어간 사진 아래에는 '○○네 가족'이라는 제목과 함께 사진에 담긴 가족 이야기를 짧게 덧붙였다.

반응은 기대 이상이었다. 직원들도, 그들의 가족들도 회사의 정성과 애정이 깃든 달력을 보고 무척 감동했고, 외부적으로는 동료애와 애사심이 높은 회사라는 이미지를 통해 거래처와 고객들의 신뢰를 제고하는 계기가 되었다. 이는 우리 달력이 그저 브랜드나 상품의 홍보를 위해 제작되는 천편일률적인 달력과는 전혀 다른 가치와 의미를 지니고 있기 때문이었다.

이러한 결과에 우리는 놀라지 않을 수 없었다. 가족사진 콘테스트는 그저 동료들과 함께할 수 있는 재밌는 이벤트가 없을까 하는 고민에서 시작된 것이었기 때문이다. 다만 기왕에 하는 것이라면 재미와 더불어 감동까지 전할 수 있으면 좋겠다고 생각했고 결국 제작 달력으로까지 이어져 뜻밖의 성과에까지 이르게 된 것이다.

늘 희로애락을 함께하는 우리의 소중한 동료들과 함께할 수 있는 이벤트를 찾아보자. 같이 아이디어를 내고 계획을 하면서 새로운 재미를 찾고 그 과정 속에서 서로 잊지 못할 추억거리를 만들 수 있다. 별다른 이벤트거리가 떠오르지 않는다면 일단 우리가 했던 것처럼 가족사진 달력 만들기부터 시작해보자. 사람과 사람의 관계는 가족 이야기를 알게 되면 한결 친밀감이 더해지게 마련이고, 그렇게 서로를 이해하다 보면 인간관계로 인해 겪는 직장생활 스트레스를 크게 줄일 수 있을 것이다.

사내 연애, 잘만 하면 실속 있다

오옥균

많은 직장인이 사내 연애를 꿈꾼다고 한다. 동료로서 고난을 함께 하다 사랑이 싹터 사건이 마무리된 후 멋진 휴양지로 떠나 달콤한 키스를 나누는 영화 속 주인공들의 정열적인 사랑, 드라마에나 나올 법한 젊고 유능한 상사나 회장님 외동딸과의 극적인 만남, 이렇게까지는 아닐지언정 사무실에서 일하는 틈틈이 휴대전화나 컴퓨터 메신저로 사랑을 속삭이는 소박한 연애를 하는 상상만으로도 직장인의 마음은 설렌다.

지금으로부터 8년 전 내가 직장생활을 시작한 지 1년 정도 지났을 무렵의 일이다. 막 입사한 신입 사원 몇 명이 인사부서 담당 대리와 함께 인사차 우리 부서에 들렀다. 그때 나는 그녀를 처음 보았다. 단발머리가 나풀거리는 그녀는 네 명의 여직원 중 단연 눈에 띄었다. 쿵쾅대는 내 심장을 멈출 길이 없었다. 이후 그녀와 가까워질 수 있는 방법이 없을까 궁리하느라 잠 못 이루는 밤이 이어졌다.

그러던 중 나는 그녀가 문서수발 업무를 맡았다는 소식을 듣고는 우리 부서 문서수발 업무를 자청했다. 그녀와 자연스럽게 만날 수 있는 절호의 기회였다. 아니나 다를까 문서수발실에서 자꾸 마주치다 보니 으레 인사를 주고받게 되었고 얼마 지나지 않아 함께 차를 마시며 이런저런 이야기를 나누는 사이로 발전했다. 대화가 오가는 사이 그녀가 컴퓨터 게임을 즐긴다는 사실을 알게 되었고 영화 보여주기 내기 게임을 하자고 꾀어내 공식적인 첫 번째 데이트를 했다.

그때부터 나는 이 핑계 저 핑계로 일주일에 한 번씩 꼬박꼬박 그녀를 만났다. 그렇게 우리의 비밀 연애가 시작되었다. 당시 우리는 데이트할 때는 서로 반말을 하다가도 직장에서는 시치미 뚝 떼고 사무적으로 대했다. 회의를 할 때면 옆자리에 앉아 퇴근 후 만날 시간과 장소를 정하느라 몰래 속삭이곤 했고, 함께 자주 가는 곳들에 암호를 정해놓기도 했다. 한번은 회사 체육대회 후 단체로 노래방에 갔는데 술기운이 오른 몇몇 동료가 노래를 부르다가 그녀에게 어깨동무를 하려 하거나 블루스를 추려고 들어 내가 황급

히 끼어들어 제지해야 했다.

연애 기간이 1년 6개월이 지났을 즈음 이 여자와 결혼해야겠다는 확신이 들었다. 부모님께 정식으로 선을 보이기 전에 형제들의 솔직한 반응을 먼저 들어보고 싶었다. 날을 잡아 여동생과 누나에게 우리가 만날 장소와 시간을 알려주었고 그녀와 내가 커피숍에서 데이트를 즐기고 있을 때 마치 그곳 손님인 양 들어와 주변 테이블에 앉아 아내의 일거수일투족을 살펴보았다. 아무것도 모르는 그녀는 평소와 다름없이 내 곁에 앉아 이런저런 응석을 부렸고, 그들의 시선에 신경이 쓰여 애정 표현에 소극적일 수밖에 없는 내 속도 모른 채 오늘따라 왜 그러냐며 서운해 했다.

누나와 여동생이 좋지 않은 평가를 내리면 어쩌나 조마조마해 가슴이 콩닥콩닥 뛰는 와중에 한 시간가량이 지나 다른 곳으로 이동하려 할 때쯤 누나로부터 전화가 걸려 왔다.

"야! 너 어디서 그런 참한 색싯감을 구했니? 사실 네가 내 동생이긴 하지만 너보다 훨씬 낫더라. 다른 데 뺏기지 말고 간수 잘해."

그 말을 들은 나는 천군만마를 얻은 듯 했고 이후 우리 결혼은 기정사실화되었다. 훗날 아내는 그 사실을 알고는 어떻게 사람을 그렇게 감쪽같이 속일 수 있냐고 따지면서 그때 시누이들이 반대했으면 자기하고 결혼하지 않았을 거냐며 눈을 부라렸다. 어쨌든 약 2년 6개월간의 비밀 연애 끝에 마침내 우리는 회사 동료들에게 사실을 밝히고 결혼을 발표했다. 많은 총각 사원의 시기 섞인 부러움이 쏟아졌다.

사내 연애가 무엇보다 좋은 점은 한 직장에서 일하니 서로를 잘 이해할 수 있고 공통된 주제가 있어 대화가 끊길 새가 없다는 것이다. 연애 당시 나는 재무팀에 있었고 그녀는 전산팀에 있었는데 우리 부서 회계 시스템에 문제가 생기면 언제나 1순위로 해결해 주었고, 일에 지칠 때면 그녀가 곁에 있어주는 것만으로도 큰 힘이 되었다. 또 나는 직장생활을 하면서 대학원에 다녔는데 졸업 논문을 작성할 때도 많은 도움을 주었다. 정말 '잘 얻은 동료 하나, 열 친구 부럽지 않다'는 말을 실감했다.

그렇다고 좋은 점만 있었던 것은 아니다. 그녀가 보는 앞에서 상사에게 핀잔을 듣거나 할 때면 난처하기 그지없었고, 상여금 등 회사에서 나오는 가외 수입이 생겨도 그녀가 뻔히 알고 있으니 삥땅을 칠 수도 없었다. 또 동료들 몰래 연애를 하려니 번거로운 일이 여간 많지 않았다. 더욱이 나야 다행히도 배필을 만났지만 여차저차해서 동료들에게 사내 연애 사실이 알려졌는데 도중에 헤어지기라도 하면 이후 함께 일하기가 서로 불편할 수밖에 없을 것이다.

하지만 이 모든 것을 감수하더라도 사내 연애는 해볼 만한 가치가 있다고 감히 말하고 싶다. 연애 시절 나는 이따금씩 직장인으로서의 삶에 지치고 짜증이 나 회사에 가기 싫을 때도 그녀를 볼 수 있다는 사실에 가뿐한 마음으로 출근길에 오르곤 했다. 사랑스런 연인이자 절친한 동료인 동시에 다정한 친구인 사내 커플! 직장생활에서 이만한 낙도 없을 것이다.

3장

샐러리맨 마인드를 버리고 '나'를 리모델링하라

입사할 때 제출했던 오래 전 나의 이력서를 다시 꺼내 보았다. 신입사원 시절 이토록 자신감 넘치고 당당했던 내가 왜 이토록 작아졌을까? 회사에는 잘나고 유능한 사람이 그리도 많은데 왜 내 능력은 이것밖에 되지 않을까… 생각하면 생각할수록 어깨가 처진다. 이러다 결국 조직의 한 구석에서 초라하게 사라지고 마는 것은 아닐까? 안 된다. 내가 회사에 바친 시간과 땀이 얼마인데 그럴 수는 없다. 나는 이곳에서 승부를 걸어야 한다. 내가 오랫동안 걸어온 이 길 위에서 내 인생의 나머지를 다시 일으켜야 한다.

직장생활을 통해 내가 얻어야 하는 것은 돈, 명예, 인맥보다 전문적 지식과 경험 그리고 노하우다. 이로써 나는 든든한 미래를 준비할 수 있을 것이다. 지나온 세월은 잊고 이제 다시 시작하자. 스스로를 돌이켜 내게 필요한 것이 무엇이고 버려야 할 것은 무엇인지 파악하자. 그렇게 나를 가꾸고 변화시키자. 이때 비로소 직장은 나를 위한 무대가 되어줄 것이다.

나의 커리어를 높여주는 마법의 이력서

오병곤

잠시 눈을 감고 다음 질문에 답해보자.

"지금 하고 있는 일에 전력을 다하고 있는가?"

망설임 없이 그렇다고 말할 수 있는 사람은 그리 많지 않을 것이다. 한 통계에 따르면 직장인들 가운데 4분의 1가량만이 자신의 모든 능력을 다 바쳐서 일한다고 한다. 아니, 경험상 보건대 이보다도 더 적을 것이다.

나는 17년간 직장생활을 하는 동안 많은 직장인을 알게 되었다. 그들 대부분은 반복되는 일과를 수행할 뿐 새로운 도전과 실험을 시도하지 않는다. 그저 받는 만큼만 일하려는 수동적 태도가 강하다. 그런 이들은 연말에 업무 평가나 연봉 협상 준비 때문에 자신의 한 해 성과를 돌아보면 시시콜콜한 것들 이외에는 마땅히 떠오르는 게 없게 마련이다. 그저 그날그날 닥친 일에 급급해 회사나 스스로의 성장에 대한 동기 없이 맹목적이고 기계적으로 일했기 때문이다. 요컨대 일에 대한 관점이 잘못된 것이다.

일을 해나가면서 자신이 성장하고 있음을 느끼고 이로써 회사에서 인정받지 못하면 일의 기쁨과 보람을 찾지 못해 매너리즘에 빠지게 된다. 그런 사람의 경력은 초라하기 그지없게 느껴질 수밖에 없다. 경력이란 단순히 내가 한 일의 나열이 아니라 내 성장의 기록이 되어야 한다.

수 해 전의 일이다. 10년 넘게 다니던 회사 분위기가 점점 나빠져 급기야 이직을 결심한 나는 새로 이력서를 작성했다. 그러나 막상 작성하고 나서 보니 내가 봐도 그리 매력적인 이력이 아니었고 결국 이직을 보류할 수밖에 없었다. 무작정 사표를 던질 수는 없었기 때문이다.

이 일을 계기로 나는 지속적인 경력 관리의 필요성을 절감하게 되었다. 그리고 그저 신상 명세와 그동안 한 일 등을 나열하는 천편일률적인 이력서가 아닌 비즈니스 성공의 관점에서 내 업무적 성과를 드러내 보여주는 나만의 이력서 양식을 만들었다. 그 이력서를 구성하는 주요 항목은 네 가지다.

첫째, 누구에게라도 자신 있게 말할 수 있는 탁월한 업무 성과를 이루었는가?(업무 성과)

둘째, 구체적으로 내 고객에게 깊은 감동을 준 적이 있는가?(고객 감동 실천)

셋째, 내 분야에서 전문성을 입증할 수 있는가?(전문성 확보)

넷째, 일을 성공으로 이끄는 데 활용할 수 있는 인적 네트워크를 가지고 있는가?(인적 네트워크)

이 네 가지 질문에 제대로 답할 수 없다면 직장생활에 성공할 수 없으리라고 판단한 나는 그때부터 매년 한 해를 마무리하면서 이력서를 업데이트하고 이를 바탕으로 다음 해 계획을 세웠다. 이로써 현재까지 작성된 나의 이력서는 아래와 같다.

1. 업무 성과	
2002년	그룹의 유통 · 외식 비즈니스의 효율적인 지원을 위한 웹 기반의 유통 · 외식 표준 솔루션 개발.
2004년	전사 기술 인력의 경력개발 프로그램 수립에 주도적으로 참여.
2004년	회사의 비전, 미션, 핵심 역량 수립에 주도적으로 참여.
2006년	전사 프로젝트를 대상으로 CMMI Capability Maturity Model Integration 국제 표준 인증 획득.
2006년	그동안 두 번이나 실패했던 프로젝트 관리 시스템을 성공적으로 구축.

2. 고객 감동 실천	
1999년	○○ 회사 회장상 수상.
2004년	○○ 프로젝트 종료 후 ○○○ 본부장에게 장문의 감사 메일 수신.
2007, 2008년	책 출간 후 다수의 독자에게 감사 메일 수신.
3. 전문성 확보	
2001년 12월	정보처리 기술사 자격 취득.
1999년, 2004년	사내 올해의 기술인상 수상.
2005년	구본형 변화경영 연구소 1기 연구원 수료.
2006년	사내 올해의 단체상 수상.
2004년~2007년	그룹 역량 면접관 역할 수행.
2007년 2월	첫 책『대한민국 개발자 희망보고서』출간.
2007년	'마음을 나누는 편지' 발송(1만 명의 수신자에게 주 1회 1년간 발송).
2008년 2월	『나는 무엇을 잘할 수 있는가』출간.
2008년 11월	『내 인생의 첫 책 쓰기』출간.
4. 인적 네트워크	
구본형 소장님, 변화경영연구원	2005년부터 변화경영연구소 1기 연구원 활동을 시작한 이래 약 5년 동안 50명의 연구원을 알게 되었으며, 이들과 공저를 통해 지적 커뮤니티를 유지하고 있음.
변화경영연구소 꿈벗	2006년 1월 '내 꿈을 찾아서' 프로그램에 참가한 것을 계기로 100여 명의 꿈벗과 유대를 맺고 인생의 동반자 관계 구축.
영적인 비즈니스 모임	앞으로 우리가 하고 싶은 일을 함께 순비하는 창조적 모임.
전 직장 동료들	1993년부터 직장생활을 함께하면서 알게 된 소중한 동료들과의 만남.
온라인 커뮤니티 정기 메일링 리스트	2007년 1만 명의 독자에게 매주 월요일 정기적으로 메일을 보냈으며, 현재는 약 200명의 메일링 리스트를 관리하고 있음. 또한 2004년부터 개인 블로그를 통해 블로그 이웃들과 유대 관계를 지속하고 있음.

나는 이력서에 성과가 차곡차곡 쌓여가는 것을 보면서 비로소 일의 참맛을 깨닫게 되었다. 아울러 성과 지향적인 업무 자세를 가지게 되면서 회사의 핵심 인력 10퍼센트에 속하게 되었고 '기업 속의 작은 기업가'로 인정받았다.

그러던 중 2008년 하반기에 글로벌 경기 침체의 영향으로 구조조정이 한창이었음에도 불구하고 결국 당시 다니고 있던 회사에서는 더 이상 스스로를 성장시키는 데 한계가 있다고 판단한 나는 다시금 이직을 결심했다. 나의 이력서는 이때 효력을 발휘했다. 이력서를 헤드헌터에게 보내고 일주일 후 두세 군데 회사가 채용 의사를 밝혔고 나는 그중 가장 유력한 회사에 당당히 입사했다.

단순한 경력의 나열이 아닌 성과의 관점으로 작성하는 이력서는 자신의 전문성을 발전시키는 데 아주 효과적이다. 내가 설정했던 업무 성과, 고객 감동 실천, 전문성 확보, 인적 네트워크 등의 기준은 절대적인 것은 아니다. 각자 자기가 처한 업무 분야와 그 특성에 따라 나름의 기준을 설정하면 된다. 중요한 것은 스스로의 성과를 명확하게 보여줄 수 있고 지속적으로 성장할 수 있는 동기를 부여받을 수 있느냐다.

한 번 해보는 것만으로는 효과를 얻을 수 없다. 매년 해가 저물어갈 때마다 시간을 할애하여 이력서를 업데이트해야 한다. 한 해

동안 이루어낸 것들을 객관적으로 살피면서 스스로를 점검해야 한다. 마법의 이력서 쓰기는 내 경력 건강 차트의 바로미터다.

직장인이여, 독하게 독학하라!

정경빈

나는 스물여섯 살이 되던 해에 첫 직장에 입사했다. 남자치고는 사회생활을 꽤 일찍 시작한 편이다. 동년배들 중 상당수가 대학 졸업 후 대학원 진학, 고시 준비, 유학 등의 진로를 택했지만 나는 최대한 빨리 돈벌이를 시작하고 싶었다. 하지만 막상 직장생활을 시작해 보니 좀 더 많이 배웠더라면, 자격증이나 학위를 하나쯤 더 따두었더라면 하는 후회를 하게 만드는 상황이 종종 벌어졌다. 그러나 이제 와서 대학원 진학을 준비하거나 유학을 가자니 책임져야 할 가족도 생기고 한 터라 시간적, 금전적 여유가 없어 아쉬운 마음만 곱씹을 수밖에 없었다. 또 돈도 돈이지만 내가 배우고자 하는 바를 정확히 충족시켜줄 수 있는 과정을 찾는 것 자체가 어려웠다.

그러던 어느 날 하버드대학에서 행복학 강의를 하는 탈 벤 샤하르의 책 『해피어』의 한 구절이 내 마음을 사로잡았다.

"가장 성공한 사람은 평생 배우는 사람이다. 그들은 끊임없이 묻고 경이로운 세상을 탐험한다. 나이가 15세이든 115세이든, 지금 시련을 겪고 있든, 한창 전성기에 있든, 당신이 인생의 어느 시기에 있든 상관없이 자신을 위한 교육 과정을 창조해야 한다."

그리고 나는 결심했다. '기성 교육 과정 중에 내 상황에 맞아떨어지는 게 없다면 내가 직접 만들어보자'고 말이다. 그리고 그 첫 번째 과정으로 영어회화를 선택했다. 그동안 살면서 영어에 수도 없이 발목을 잡혔기 때문이다. 입대를 준비할 무렵 카투사에 가고 싶어 토익을 봤지만 10점이 모자라 실패했고, 이듬해에 다시 쳤을 때는 점수가 올랐음에도 전체 평균이 높아져서 또 탈락해 결국 육군 현역으로 입대했다. 취업 준비를 할 때에도 최종 면접에서 영어회화 능력 부족으로 몇 차례나 고배를 마셨다. 다행히 지금 직장생활에서는 딱히 영어를 쓸 일이 없지만 상황이 어떻게 변할지는 누구도 모를 일이었다. 그 오랜 갈증을 이번 기회에 풀어보기로 마음먹었다.

교재는 예전에 상담차 들렀던 영어학원에서 추천받았던 『EBS 입이 트이는 영어』로 결정했다. 같은 제목의 EBS 라디오 프로그램을 활용하는 교재라서 듣고 말하는 게 핵심인 영어회화 공부를 혼자 하기에 제격이었다. 또 하루 하나씩 한 달에 스물다섯 개 정도의 주제를 다루고 있어 매일매일 꾸준히 학습할 수 있도록 구성되어 있어 분량도 적절한 데다 난이도도 무난했다.

다만 방송 시간대가 문제였다. 당시 그 프로그램은 아침 6시 40분에서 7시까지 20분간 방송을 했는데 이는 내가 출근 준비에 한창인 시간이었다. 처음에는 평소보다 일찍 일어나 미리 채비를 하고 방송을 들었는데 늦잠을 자는 바람에 놓치는 때가 많았다. 그래서 MP3 플레이어로 방송을 녹음하고 나중에 듣는 식으로 방법을 바꾸었는데 전파 상태가 좋지 않거나 전원이 부족해 녹음이 제대로 되지 않는 경우가 빈번했다. 그래서 결국 비용이 조금 들더라도 방송사 홈페이지에서 다시듣기 파일을 다운받았다.

학습 방법도 시간이 갈수록 진화했다. 처음에는 출근길 지하철에서 그냥 한 번 듣는 데 그쳤는데 그랬더니 하루만 지나도 배운 내용 중 80퍼센트 정도는 까먹었다. 복습이 절실했던 나는 이후부터는 일단 집에서 20분간 큰 소리로 따라하며 방송을 듣고 지하철에서는 그날그날의 표현들을 책을 보며 그대로 외웠다. 이 방법은 아주 효과가 좋았다. 문장을 통째로 외우는 게 주먹구구식으로 보일 수도 있으나 횟수가 거듭될수록 자연스럽게 어휘력과 문법도 향상되었고, 방송을 그대로 따라하다 보니 발음 연습에도 큰 도움이 되었다.

나는 이러한 학습 과정을 아예 학교 교수요목처럼 정리해 표를 만들었다. 그 과목명은 '영어가 걸림돌이 되지 않게 하라'다.

과목명	영어가 걸림돌이 되지 않게 하라
과목 소개	토익 점수 10점이 모자라 카투사를 못 갔고, 영어회화에 자신이 없어 면접에서 여러 번 곤란을 겪었다. 읽고 쓰는 것은 나름 자신 있으니 이놈의 회화만 극복하면 더 이상 영어에 발목 잡히는 일이 없으리라.
학습 목표	일상적 프리토킹이 가능한 수준의 회화 능력 획득
학습 시간	매일 출퇴근 시간 혹은 점심식사 후 12:40~13:00
교재	EBS 입이 트이는 영어 교재
학습 방법	'EBS 입이 트이는 영어' 라디오 방송 청취 후 그날의 표현 암기
수료 기준	외국인과 프리토킹 후 수료 여부 판단

이렇게 정리해놓고 나니 학습에 한결 책임감이 느껴졌고 표를 출력해 집 여기저기와 사무실 책상맡에 붙여두었더니 볼 때마다 내가 지금 영어 공부를 왜 해야 하는지 팍팍 동기 부여가 되었다. 또 직접 커리큘럼을 짜고 이름도 붙이고 한 과정이다 보니 마음이 뿌듯하고 애착이 느껴졌다.

현재 2년 가까이 이 과정을 진행해오고 있는데 아직까지는 영어를 본격적으로 써볼 기회가 없어 실력을 측정해보지는 못했다. 하지만 얼마 전 있었던 진급 심사에서 영어회화 항목을 어렵지 않게 통과했고 스스로 느끼기에도 영어에 대한 자신감이 예전에 비해 크게 높아졌다.

나는 이 경험을 거울삼아 몇 가지 과정을 더 만들어 진행했다. 평소 워낙 책 읽기를 좋아했던 터라 '내 인생의 첫 책 쓰기'란 제목으로 과목을 신설해 매일 아침 한두 시간씩 글을 썼는데 그로부터 1년 후 실제로 내 이름을 단 책을 출간했다. 또 회사에서 교육 담당 부서에서 영업 부서로 이동한 후에는 '영업은 마음이다'라는 과목을 만들어 마케팅 관련 학습에 몰두했다.

이러한 독자적 교육 과정의 성공은 지속성에 달려 있다. 어떤 과목을 선정하는가도 중요하지만 얼마나 오래 지속할 수 있느냐가 성패를 좌우한다. 지금 바로 실행하지 않고 시간이 나면 그때 하겠다는 마음가짐은 결국 하지 않겠다는 것과 마찬가지다. 다른 모든 걸 제쳐두고서라도 하고야 말겠다는 각오가 필요하다. 또 학습 일지를 작성하면 계획한 바를 지속적으로 실천하는 데 큰 도움이 된다. 그날그날 실천 상황과 배운 내용을 블로그나 일기장에 꾸준히 적어두면 성취도를 점검할 수 있고 이로써 계속해나갈 수 있는 동기를 부여받을 수 있다.

자신이 세운 학습 계획을 주변 사람들에게 알리는 것도 좋은 방법이다. 이따금씩 지치고 나태해질 때면 그들의 기대 혹은 의심 어린 시선은 훌륭한 채찍질이 되어줄 것이다. 또 나름의 수료 기준을 설정해놓으면 목적의식이 더해져 추진력이 한결 강화될 것이다.

많은 직장인이 배움에 대해서는 조로한 것 같다. '이 나이에 무슨 공부야' 하는 생각에 시도조차 하지 않는다. 사람은 계속해서 배우지 않으면 더 빨리 늙게 마련이다. 스스로를 성장시키지 않고 그저 일하는 데만 급급하다 보면 언젠가 곧 업무가 나를 앞질러 일하기가 벅차질 것이다. 평생 현역으로 뛰고 싶다면 주어진 여건 속에서 나름의 학습 방식을 찾아내 꾸준히 실행해야 한다.

홍승완 씨의 '개인 대학'

현재 경영 콘텐츠 전문가로 활동하고 있는 홍승완 씨는 대학에 다니며 경영 컨설턴트가 되기 위해 준비하던 시절, 일명 '개인 대학'이라는 개념을 도입해 그에 필요한 학습 내용들로 손수 3년짜리 커리큘럼을 짜고 나름의 이수 기준을 마련해 이를 수료했다. 그 결과 자신이 원하는 회사에 들어가 역량을 쌓을 수 있었고 현재에 이르렀다고 한다.

홍승완 씨의 개인 대학 커리큘럼

	목표	실천 방법	평가 기준	달성 여부
1년 차 98.12~99.12	기본적인 경영 지식 습득 및 정리	- 경영 서적 탐독	- 1년에 100권 독파	X (65권 독파)
		- 일간지와 경제지 정독	- 매일 정독	O
		- 칼럼 작성	- 2주에 1편 집필	O
2년 차 99.12~00.12	지속적인 경영 지식 쌓기와 컴퓨터 활용 능력 배양	- 경영 서적 읽기	- 1년에 100권 독파	O
		- 경영 컨설팅 동호회 스터디	- 동호회 과제 완수	O
		- MS오피스 숙달	- 교재 1권 보기, 타수 500타	△ (엑셀 미흡)
		- 나모 웹에디터 배우기	- 개인 홈페이지 제작	O
3년 차 00.12~01.12 (대학 4학년)	1년 장학금과 모든 과목에서 A+받기	- 다양한 책 읽기	- 1년에 100권 독파	O
		- 과거 기출문제 모두 풀기	- 전 과목 A+ 달성	O
		- 수업 시간 집중	- 무결석, 수석 장학금 받기	O
수료 기준 (2002년)	3년간의 개인 대학 경험을 책 한 권 분량으로 정리하고 출간			△ (집필은 완료)

직장에서 진짜 나의 일을 해라

정경빈

직장에 들어가 일을 배우고 익히는 과정에는 일종의 패턴이 있는 듯하다. 신입사원으로 직장에 들어오면 여러 가지 일을 배우느라 정신이 없다. '내가 이런 거나 하려고 여기 들어왔나' 하는 생각이 들 정도로 단순한 일이 있는가 하면, 너무 복잡해 뭔지도 모르고 그저 선배들이 가르쳐주는 대로 따라 하기만 하는 일도 있다. 그 1년차 한 해가 업무에 입문해 일을 익히는 기간이라면, 2년차 때는 배운 것들을 제대로 활용할 수 있는지 테스트해보는 기간이다. 그렇게 한 3년차쯤 되면 그제야 나만의 업무 감각을 체득하게 된다.

하지만 공교롭게도 그렇게 본격적으로 일의 감을 잡을 때쯤 되면 업무가 슬슬 지겨워지기 시작한다. 이때 마침 부서가 바뀌거나 직급이 올라가 새로운 업무가 주어지기라도 하면 새로운 마음가

짐을 가질 수 있지만 그렇지 못한 경우 점차 매너리즘 단계에 접어든다. 업무에 대한 흥미가 현저히 줄어들고 타성에 젖어 그저 시키는 일을 기계적으로 처리할 뿐 일의 성과나 스스로의 발전을 등한시하게 된다. 하지만 그렇게 제자리걸음만 반복하다가는 결국 누군가로부터 변화의 칼날을 맞을 수밖에 없다.

나는 사내 직원 교육을 담당하는 부서에서 회사 생활을 시작했다. 새로운 교육 과정을 지속적으로 개발하기는 했지만 정기적으로 진행되는 월례 교육을 여러 해 반복하다 보니 점차 흥미가 줄어들었다. 업무상 교육생들을 전염시킬 정도로 강한 열정으로 무장되어 있어야 하는데도 말이다.

뭔가 변화의 계기가 절실했던 나는 고민 끝에 평소 염두에 두고 있었던 사내 온라인 교육 시스템 구축을 추진해보기로 마음먹었다. 이는 상부의 지시가 아닌 전적으로 자발적인 결심이었다. 당시는 회사가 그 필요성을 인식하지 못하고 있을뿐더러 별도의 예산도 책정되지 않은 상황이었다. 하지만 업무 공백이 생길 수 있다는 이유로 3~4일 합숙으로 진행되는 정례 직원 교육을 불참하는 직원이 많았고, 신상품이나 새로운 업무 시스템 등에 대한 전사적 차원의 교육이 신속히 이루어지지 못하고 있기도 했다. 나는 이러한 문제들에 대한 해답이 바로 온라인 교육 시스템 구축이라고 확신했다.

나는 곧장 관련 자료들을 수집하기 시작했다. 지인의 소개를 받아 성공적으로 온라인 교육을 시행하고 있는 회사를 찾아가 견학을 하고, 계획 실행과 관련하여 유망 외주 업체와 상담을 해 견적을 받았다. 또 때마침 열린 온라인 교육 시스템 관련 박람회를 참관하기도 했다. 이러한 조사 결과 나는 온라인 시스템을 구축하는데 예상했던 것만큼 많은 비용이 들지 않는다는 결론을 얻었다. 당시 다른 대규모 프로젝트를 진행하고 있어 가외의 예산을 넉넉히 할애하기 어려운 회사 사정을 감안하더라도 충분히 가능성이 있다고 판단했다. 나는 자신 있게 팀장님에게 기안을 올렸고 상부에서는 심사숙고 끝에 내 제안을 받아들였다.

이후 온라인 교육 시스템의 기본 틀 구상 및 세부 구성은 물론 향후 발전 방향 수립에 이르기까지 전반적인 관련 업무가 나의 책임 아래 진행되었다. 그 과정에서 주변 동료들이 큰 힘이 되어주었는데 그들은 내 아이디어와 구성안이 현실적으로 타당한지 검토해주었고 때로는 내가 미처 생각지 못했던 허점들을 짚어주었다. 그렇게 반년에 걸친 개발 끝에 마침내 우리 회사 최초의 온라인 교육 시스템이 탄생했다. 그 누구의 지시나 제안이 아닌 온전히 내 자발적인 의지에 기초해 이루어낸 성과였기에 그 기쁨은 이루 말할 수 없었다.

이후 나는 회사를 다니면서 '이렇게 해 보면 안 될까?'라는 질문을 늘 떠올리게 되었다. 수년에 걸쳐 관행화된 업무 방식 혹은 운영 체계 중에는 사실 현재로서는 합리적이지 못해 변화가 필요한 것이 많았다. 이렇게 관점을 바꾸자 회사에는 내가 시도해볼 만한 흥미로운 일거리가 넘쳐났다.

누군가 시켜서 일을 하는 것과 이를 넘어 자발적으로 업무를 추진하는 것은 그 과정에서도, 성과에서도 질적인 차이를 보이게 마련이다. 그리고 이러한 경험들을 통해 직장인은 비로소 성장하고 일의 재미를 느끼게 된다. 지금 하고 있는 일이 재미없고 지루하다면 주변을 둘러보고 스스로 시도해볼 수 있는 무언가를 찾아내 적극적으로 실행에 옮겨보자. 분명 직장인으로서 새로운 나의 모습을 발견할 수 있을 것이다.

빡세게 일하고 진하게 쉬어라

이은미

직장인의 일과 중 헛되이 버려지는 시간은 얼마나 될까? 돌이켜보면 동료들과의 사이에서 의미 없이 오고가는 사소한 잡담, 습관적인 인터넷 서핑, 사적인 전화 통화 등으로 낭비되는 시간이 꽤 많다. 또 퇴근 시간이 지나 딱히 할 일이 없는데도 단지 상사의 눈치를 살피느라 자리에서 버티는 일도 비일비재하다. 그렇게 지지부진하게 일을 하다 보면 결국 일정에 맞추어 일을 진행하기에도 시간이 빠듯한 경우가 많아 직장의 일상이 늘 쉼 없이 반복되는 듯한 권태를 느끼곤 한다. 이는 어찌 보면 스스로 파놓은 함정에 걸려드는 격이다.

내가 이끌고 있는 회사의 영업 부서는 업무 방식이 조금 남다르다. 텔레마케팅을 이용해 매출을 발생시키는 것이 주요 업무인데 주 5일 근무에 오전 9시 30분 출근, 오후 6시 퇴근으로 명목상 업무 시간이 정해져 있기는 하지만 철저히 성과 중심으로 관리가 이루어지기 때문에 각자의 상황에 따라 일과를 유연하게 운용할 수 있다. 즉, 얼마나 일했느냐보다는 어떻게 일했느냐가 더 중요하다.

그들은 매달 1일이면 각자 나름의 월매출 목표를 정한다. 그리고 그에 따라 주간 목표를 세세하게 구체화시킨다. 이날의 작업은 마치 일종의 의식과도 같다. 이후 한 달간 자신이 어떻게 일할지에 대한 다짐이자 회사와의 약속이기 때문에 그 어느 때보다도 진지한 태도로 임한다.

이렇게 정해진 목표는 그들에게 압박을 주기도 하지만 결국 자유를 선사하기도 한다. 주간 목표치를 달성하기만 하면 일주일 중 나머지 시간은 누구의 간섭도 받지 않고 본인 마음대로 써도 되기 때문이다. 아예 출근을 하지 않아도 무방하다. 이를테면 높은 업무 집중력을 발휘해 수요일에 목표한 만큼의 매출을 올린다면 목요일, 금요일은 휴가가 된다. 본인의 의사에 따라서는 주간 목표를 달성하고도 더 일을 하기도 하는데 그로써 이루어낸 초과 성과가 일정 수준에 이르면 소정의 선물이 주어진다.

처음 이 제도를 시행하게 된 것은 해당 부서에 육아를 병행하는

주부 직원이 많았기 때문이다. 나 역시 아이를 떼어놓고 직장생활을 했던 경험이 있었기에 자식을 다른 누군가의 손에 맡김으로써 그들이 느낄 죄책감을 너무도 잘 알고 있었다. 그래서 가급적 자유 시간을 많이 확보해주고 싶었다.

다만 목표 매출액을 스스로 정하다 보니 시행 초반에는 내심 불안했다. 목표치를 달성하기는커녕 괜히 분위기만 어수선해지는 것은 아닐까 하는 의심이 들기도 했다. 동종 업계 사장들도 타이트하게 관리를 해도 모자랄 판에 어쩌려고 그러냐며 우려의 목소리를 보냈다.

그러나 결과는 성공적이었다. 한두 달 해보다 말겠지 하는 마음에 반신반의하던 직원들도 새 제도가 상당 기간 지속되면서 자신에게 주어진 혜택을 적극적으로 누리기 시작했고 이는 자연스레 매출 증대로 이어졌다.

그들은 자신의 노력으로 확보한 자유 시간을 당당하게 활용한다. 아직 어린 자녀를 둔 엄마들은 아이와 나들이를 가기도 하고, 아직 미혼이어서 운신이 자유로운 직원들은 여행을 떠나는 경우가 많다. 또 무언가를 배우며 자기계발에 열을 올리는 직원도 있다. 개중에는 성과를 내는 데 재미가 붙었는지 목표치에 구애받지 않고 열정적으로 일하는 사람들도 있다.

기회가 생겨 직원들에게 현재 업무 방식에 대한 피드백을 받아

보았더니 이전에는 텔레마케팅 일이 시시하게 느껴지기도 하고 지루한 나머지 그저 퇴근만 기다리며 시간을 때울 때도 종종 있었는데 지금은 서둘러 목표치를 달성하기 위해 몰입해서 일하다 보니 진짜 프로가 된 듯한 기분이 들고 이제야 일의 재미를 알게 되었다고 했다.

이러한 업무 방식은 보수적인 조직에서는 시행이 어려울 수도 있지만 성과가 우선시되는 업무나 프로젝트 중심의 직종에서는 시도해볼 만하다. 중요한 것은 열정을 끄집어내는 것이다. 열정은 지루하기 짝이 없는 일조차 창의적인 일로 승화시키고 지리멸렬한 일상을 싱싱한 생선처럼 펄떡이게 만드는 마력이다. 또 그렇게 일한 결과로서 확보되는 얼마간의 여유는 끊임없이 되풀이되는 직장생활 속에서 지치지 않고 열정을 지속할 수 있게 해주는 계기가 된다. 이처럼 집중과 여유가 반복해서 이어지는 업무 리듬은 직장인이라면 이따금씩 빠질 수밖에 없는 권태와 타성으로부터 벗어나게 해주는 특효약이다.

이직의 딜레마, 이렇게 극복했다

이은미

직장생활을 여러 해 하다 보니 선배들의 이직과 퇴직을 여러 번 지켜보았다. 더 큰 회사나 외국계 기업으로 옮긴다며 여유로운 미소로 인사하던 사람도 있었고, 오래전부터 하고 싶었던 공부를 하겠노라며 과감히 유학을 떠난 사람도 있었다. 그런가 하면 임원에게 잘못 보여 갑작스럽게 사직하는 바람에 작별 인사조차 변변히 나누지 못한 선배도 있다. 개중에는 부당한 해고라며 고래고래 고함을 지르고 멱살잡이를 하는 경우도 있었다.

한편 동종 업계에서 일하다 경력 사원으로 우리 회사에 입사하는 사람도 많았는데, 곧 실력을 인정받아 자리를 잡는 이가 있는가 하면 한참이 지나도 적응하지 못한 채 옛 직장을 그리워하는 사람들도 있었다.

이직에 대한 고민은 직장생활에 있어 피할 수 없는 관문인 듯하다. 조직생활이라는 게 앞날이 불투명하다 보니 좀 더 나은 곳이 없을까 하고 두리번거리게 되는 모양이다.

나는 직장생활 9년 만에 심각하게 이직을 고민했던 적이 있다. 사건의 시작은 갑작스러운 인사 발령에서 비롯되었다. 입사 이래 8년간이나 영업사원 교육 업무를 해온 내가 영업 부서로 옮기게 된 것이다.

나는 새로운 지식을 배워 직원들에게 전하고 사기가 떨어진 사람들에게 다시 힘을 낼 수 있도록 동기를 부여하는 일에 나름 자부심을 느끼고 있었다. 또 언젠가는 인사팀으로 자리를 옮겨 회사를 이끌어갈 신입사원을 선발하여 채용하고 그들에게 어울리는 직무를 찾아 적절한 부서에 배정하는 일을 해보고 싶었다. 그렇게 직원과 회사가 모두 만족할 수 있는 조직 문화를 만들어가는 것이 내 직장생활의 목표였다. 인사이동 시즌이면 이러한 나의 생각을 적극적으로 회사에 알렸지만 직무 순환이 그리 유연한 조직이 아니어서 그런지 좀처럼 기회가 주어지지 않았다.

그러던 중 전 세계적 금융 위기가 찾아왔던 그해 회사 내에 본사 직원들을 영업 현장 일선에 배치하는 분위기가 감돌았고 나 또한 그 바람에 같은 부서에서 오랫동안 근무했다는 게 빌미가 되어 영업 부서로 발령을 받은 것이다.

인사 전문가로서 성장하겠다는 직업적 비전을 가지고 있던 나로서는 날벼락 같은 일이었다. 결국 나는 이직을 결심하고 한동안 동원 가능한 모든 경로를 통해 새 일자리를 알아보았다. 이력서를 준비해 온라인 취업 사이트에 올렸고, 지인들을 통해 지원할 만한 회사를 수소문했다. 그 결과 몇몇 회사로부터 입사 제안을 받았고 거의 성사 직전에 이른 곳도 있었다.

그러나 마지막 순간 결국 나는 지금 직장에 머무르기로 결정했다. 10년 가까이 다니던 회사를 떠난다는 사실 자체가 아쉽기도 했고, 온통 낯선 환경에서 다시 경력을 쌓아야 한다는 게 부담스럽기도 했다. 하지만 회사를 옮기면 내가 하고 싶었던 업무를 해볼 수 있었고 급여 조건도 더 좋았기 때문에 그 정도 문제들은 그리 대수롭지 않게 치부할 수도 있었다.

결정적으로 나를 붙잡았던 것은 다름 아니라 그동안 나를 아껴주고 도와준 선후배들과 동료들의 얼굴이다. 그리고 그들과 함께 했던 8년간의 추억들이다. 돌이켜보니 내가 인사팀에서 일을 해보고 싶다고 마음먹게 된 것도 그들과 함께 좀 더 좋은 회사에서 오래도록 함께하고 싶었기 때문이었다. 그렇다면 낯선 사람만이 가득한 회사에서는 제아무리 높은 성과를 낸다 한들 그 목적과는 멀어질 수밖에 없을 터였다.

회사에 머무르기로 결정한 나는 직업적 비전을 바꾸었다. 그렇다고 기존의 것을 버린 것은 아니다. 오히려 더 넓게 확장하고 발전시켰다. 이전에는 관심사가 인사 분야로 국한되었지만 이제는 회사에서 배울 수 있는 경영의 실제를 모두 배워보기로 했다. 이렇게 생각하니 영업이든, 교육이든, 인사든 간에 모두 내게 피와 살이 되어줄 좋은 경험이었다. 그리고 실제로 이때 체득한 다양한 업무 역량은 향후 내가 직장을 그만두고 내 회사를 차려 독립하는 데 큰 밑거름이 되었다.

이직에 대한 입장은 사람마다 다를 것이다. 좋은 타이밍을 포착해 회사를 옮기며 비약적으로 경력을 업그레이드시켜가고 있는 사람들이 보기에는 한 회사에서 10년, 20년 동안 일하는 사람들이 한낱 우물 안 개구리로 비춰질지도 모르겠다. 아닌 게 아니라 나 역시 한때는 그렇게 발 빠르게 움직이는 사람들을 부러워했다. 이직 선택에 대한 정답은 어디에도 없는 것 같다. 각자 직업관도, 처해 있는 환경도 천차만별이니 결국 자신의 처지를 잘 감안해 스스로 결정을 내릴 수밖에 없다.

하지만 분명한 것은 무작정 돈이나 지위만을 좇아 이곳저곳으로 옮겨서는 성공하기 어렵다는 것이다. 한창 이직을 고민하고 있던 시절 한 선배는 지금 있는 그 자리에 돈 천만 원이 깔려 있다고 생각해 보면 답이 나올 것이라고 충고했었는데 이제는 내가 우리 회사 직원들이 무작정 이직을 하려고 들 때면 그렇게 타이르곤 한다.

말할 것도 없지만 앞뒤 사정 살피지 않고 홧김에 사표를 던지거나 충동적으로 이직을 결심하는 것은 더욱 어리석은 짓이다. 시간이 지나고 화가 사그라지면 후회할 게 뻔한데도 많은 사람이 그런 실수를 범한다.

이직을 하려는 목적이 분명하지 않다면 지금 있는 회사에서 주어진 일에 더 열정을 쏟는 편이 나을 것이다. 회사를 옮긴다고 해서 현재 가지고 있는 불만과 문제들이 해결되리라는 보장은 없다. 실제로 겪어보지 않고서는 모를 일이다. 어찌 보면 이런저런 문제들을 안고서도 진득하게 오랫동안 함께하는 것 또한 직장인으로서 갖추어야 할 능력이다.

사무실을 오픈하며 2005.09.08

좋은 일이 생길라 치면 금방 출랑거리고 조금만 힘들어도 바로 주눅이 드는 감정의 기복으로부터 벗어나야 한다. 더군다나 나는 이제 엄연히 경영자가 되었으니 말이다.

그러기 위해서는 의연한 태도와 일관성을 지녀야 한다. 외로움을 두려워 말고 외로움과 한 몸이 되어 거친 바다에서 파도를 타듯 일희일비에 유연하게 대처해야 한다.

잊지 마라. 이제 나는 20여 명의 직원들과 그들에게 기대고 있는 40명, 50명의 가족을 책임져야 한다.

겨울 산행에서 2007.02.11

사철나무

봄, 여름, 가을 겨울

사계절 내내 푸르다 하여 붙여진 이름

모든 나무의 휴직기에도

제대로 한 번 쉬어보지 못할 이름

푸르름을 간직한 채

눈꽃이 피었습니다

나는 2005년부터 꾸준히 블로그를 운영하고 있다. 자주 글을 올리지도 못하고 많은 독자가 있지도 않지만 나름 여러 번의 변화를 겪었다. 처음 오픈할 당시에는 정성을 들여 꽤 많은 이웃과 고성 독자가 생겼었다. 주제별로 카테고리를 구분하여 글을 올렸는데 '독서노트' 카테고리에는 내가 읽은 책들의 리뷰를, '소소한 삶' 카테고리에는 이런저런 내 삶의 이야기들을, '여행' 카테고리에는 사진을 비롯한 여행의 기록들을 남겼다.

각종 포털사이트에서 제공하는 블로그나 미니홈피는 누구나 쉽

게 개설해 이용할 수 있도록 다양한 서비스를 지원한다. 사진도 자유롭게 올릴 수 있고, 화면 디자인도 취향에 따라 꾸밀 수 있다. 그야말로 공짜로 나만의 홈페이지가 생기는 것이다.

지금이야 바쁘다는 핑계로 예전처럼 자주 글을 업데이트하지 못하고 있기도 하고, 불특정 다수에게 나의 이야기가 속속들이 드러나는 것 같기도 해 비공개로 설정하여 나만을 위한 공간으로 운영하고 있지만 그곳에는 지난 내 5년간의 삶이 고스란히 담겨 있다. 이따금씩 그 글들을 볼 때마다 새로운 감회에 빠지곤 한다.

2005년 즈음에 적은 글들을 보면 회사를 열면서 겪었던 현실적 어려움과 직장생활을 하다 한 회사의 사장이 되면서 느꼈던 괴리감이 나타나 있다. 그리고 2006년과 2007년에 걸쳐서는 회사가 자리를 잡아가는 과정이 주로 기록되어 있고, 어느 정도 사업이 안착된 2008년부터는 신변잡기적인 내용이 대부분을 차지한다.

이제 일주일에 두어 번씩 블로그에 들어가 글을 쓰거나 예전에 쓴 글을 읽는 일은 내 삶의 큰 즐거움이 되었다. 그러다 보면 문득문득 아찔한 생각이 든다. 이렇게나마 기록을 남겨두지 않았더라면 지난 5년간의 내 삶을 돌이켜볼 수 있는 흔적이라고는 눈에 띄게 늘어난 눈가의 주름 정도밖에 없었을 테니 말이다.

예전에 비하면 나의 기록을 남길 수 있는 방법이 참 많아졌다. 나처럼 블로그를 개설해 이런저런 글을 올릴 수도 있고, 틈틈이

디지털카메라로 이른바 '셀카'를 찍어두었다가 훗날 들여다보면 그때그때 스스로의 마음 상태가 새록새록 떠오를 것이다.

지난 하루하루의 기록들은 스스로를 돌이켜볼 기회를 주고 이로써 우리는 앞으로 나아갈 바에 대한 실마리를 찾을 수 있다. 그렇게 삶의 나침반 역할을 해주는 것이다. 또 힘들었던 지난 시절의 기록들을 보면 '참 별것 아닌 일에 그토록 힘들어 했었구나' 하는 깨달음을 얻어 지금 혹은 미래의 고난에 의연하게 대처하는 데 큰 힘이 된다. 변화경영연구소 구본형 소장은 자신의 자서전 『마흔세 살에 다시 시작하다』에서 이렇게 말했다.

"역사는 기록된다. 기록되지 않으면 잊혀진다. 나는 나의 이야기를 기록함으로써 나의 문명이 존재한다는 것을 알리고 싶었다. (…) 기록이 없으면 역사도 없고 자신의 세계도 없다. 기록의 형태는 일기여도 좋고, 메모여도 좋고, 홈페이지여도 좋고, 사진첩이어도 좋고, 이 책 같은 자서전이어도 좋다. 무엇이 되었든 개인의 역사는 스스로에 의해 편찬되어야 한다. 이것이 군중 속에서, 군중으로 흔적 없이 매몰되는 자신을 잊지 않는 길이다."

오늘부터 당장 실행에 옮겨보자. 소소한 일상이어도 좋고 업무일지여도 좋다. 글을 쓰는 것이 어렵다면 그날그날 한 컷의 사진을 남겨 보는 것도 좋다. 이 기록들이 모이면 나만의 역사가 된다. 반면 기록하지 않으면 결국 남는 것은 세월의 흔적, 노화뿐이다.

내 삶을 뒤바꾼 한 달

오병곤

직장인은 늘 휴가를 꿈꾼다. 단조로운 일상에서 활력을 되찾고 스스로를 돌이켜볼 여유가 필요하기 때문이다. 때때로 휴가를 얻어 어디론가 떠나보기도 하지만 그래봤자 길어야 일주일 정도이기 때문에 금세 시간이 가버려 푹 쉬면서 사색에 잠겨보기는커녕 딱히 한 것도 없이 파김치가 되어 돌아오기가 일쑤다. 한 달 정도면 정말 휴가다운 휴가를 즐길 수 있을 것 같은데 사실상 그런 기회를 갖기란 말처럼 쉽지 않다.

남부럽지 않은 회사에서 17년간이나 일해온 마흔세 살의 중년 남성이 있었다. 어느 날 문득 먹고사는 데 급급해 스스로를 잃어버린 듯한 허무가 그를 엄습했다. 결국 회사에 한 달간 휴가를 내어 지리산에 위치한 단식원을 찾았다. 그렇게 일로부터 멀어져 포도와 솔가루로 연명하기를 십수 일, 마치 계시와도 같은 하나의 메시지가 그의 뇌리를 스쳤다.

“써라. 글을 쓰고 책을 써라. 그리고 그것으로 먹고 살아라.”

그렇게 그는 자신의 전문 분야인 변화경영을 주제로 첫 책을 썼고 이후 매년 한 권가량의 책을 내면서 그의 이름 석 자 ‘구본형’은 대한민국 자기계발의 한 키워드가 되었다.

구본형 변화경영연구소 소장은 당시 한 달간의 휴가를 내기 위해 업무를 우선순위에 따라 구분해 휴가를 다녀와서 해도 될 일은 이후로 미루고 한 달 내에 처리해야 할 일은 떠나기 전에 끝냈다. 그리고 만약에 있을지 모르는 긴급 상황을 대비해 주변 동료들에게 양해를 구했다. 평소 모범적으로 업무에 임해온 그였기에 휴가 청원은 별다른 무리 없이 받아들여졌다. 그리고 그 한 달간의 휴가는 그가 평범한 직장인에서 대한민국 직장인들의 멘토로 탈바꿈하는 결정적 계기가 되었다.

그런가 하면 내 지인 중 한 사람은 자신이 이끌고 있는 부서의 팀원들에게 한 달 휴가를 공약해 실천하고 있다. 1년에 한 사람씩 우수 직원을 뽑아 휴가를 보내주는데 지난해 선발된 김 모 대리는 사진 촬영이 취미여서 여름에 휴가를 내 제주도에 가서 원 없이 사진을 찍고 돌아왔다고 한다. 이 제도를 처음 시행할 때에는 업무 공백에 대한 우려가 있기도 했지만 실제로는 오히려 성과에 대한 동기 부여가 강하게 이루어져 전반적으로 효율이 크게 높아졌다고 한다.

직장 생활은 단거리달리기가 아니다. 길게는 20년, 30년을 해야 하는 마라톤이다. 쉼 없이 앞만 보고 무작정 달리기만 하다가는 결국 지칠 수밖에 없고 그 종점은 자신의 기대와는 전혀 다른 곳일 수도 있다. 직장에서 근무하는 동안 적어도 한번은 자신에게 한 달가량의 자유를 허락하자. 하고 있는 일로부터 멀찌감치 떨어져 객관적으로 스스로를 점검하고 자신이 제대로 된 길로 가고 있는 것인지 되짚어보자.

직장인의 피로한 몸과 마음에 활력을 주는 '리프레시 휴가'

■ ■ ■

선진국 기업들의 경우 1개월 또는 그 이상의 유급휴가가 주어지는 게 일반적인데 이를 '리프레시 휴가refresh leave'라고 한다. 국내에서도 몇 해 전부터 이와 같은 제도를 실시하는 기업이 늘어나고 있는 추세다.

대표적으로 SK텔레콤은 2002년부터 파격적인 안식월 제도를 실시하고 있다. 입사 10년째 되는 해부터 1년에 1·2·3개월짜리 유급 휴가를 보내주고 근속 수당 200만 원, 자기계발비 200만 원 등 총 400만 원을 지원한다.

삼성생명과 하나은행에서도 2009년 4월부터 '한 달간의 휴가'를 시행하고 있다. 연차수당 비용 절감 차원에서 도입한 것이기는 하지만 장기 휴가를 누릴 수 있게 된 직원들의 호응이 뜨겁다고 한다.

더 나은 나를 만나는 미래 여행

오옥균

2005년 3월, 회사에서 정기 인사가 있었다. 당시 나는 기획실에서 회사의 장기발전계획이나 사업계획 등을 수립하는 업무를 맡아 어느 정도 가시적 성과를 올리며 일에 재미를 붙이고 있었다. 그렇게 사내 기획 전문가로 성장하려는 의욕을 불태우고 있던 참에 갑자기 인사 부서로 발령이 났다.

참 황당한 일이었지만 그저 종잇장 하나에 의해 행보가 갈리는 것이 직장인의 숙명이기에 어찔 수 없었다. 예전부터 문득문득 그런 생각이 들 때가 있었지만 막상 그렇게 내 의지와는 전혀 무관하게 부서 이동을 당하고 나니 새삼 조직 인간으로서 살아가는 것에 대해 강한 회의가 밀려왔다.

그 무렵 한 통의 이메일을 받았다. 거기에는 구본형 변화경영연구소가 진행하는 '꿈 프로그램'을 소개하는 내용이 담겨 있었다. "40대 초반에 내가 나를 발견하고 내 욕망에 불지를 때 썼던 방법, 그 방법을 일반화하여 프로그램을 하나 만들었습니다. 2박 3일 동안 열 명 내외의 인원이 합숙하면서 먹고 살기 위한 수단으로서의 일을 거부하고 자신의 삶을 풍요롭게 하는 꿈의 첫 페이지를 만들어가는 매우 공격적인 실천 프로그램에 여러분을 초대합니다."

나는 이를 읽는 순간 잠시 멍해졌다. 프로그램의 취지가 내가 그토록 갈망했던 것이었기 때문이다. 나는 망설임 없이 답신을 보내 참가 신청을 했다.

프로그램은 경기도의 한 펜션에서 진행되었는데 참가자에게 주어진 미션은 크게 세 가지였다. 첫째는 자신의 직업관과 직업을 정할 때의 기준, 그리고 관심을 갖고 있는 직업들의 특성을 기술하는 것이었고, 둘째는 기질과 재능을 바탕으로 자신이 하고 싶고, 해야 하는 일이 무엇인지를 파악하는 것이었다. 그리고 셋째는 그렇게 선택한 일을 업으로 삼은 10년 후 미래의 자기 모습을 떠올려 묘사하고 그것을 실현하기 위해 실천해야 할 일들을 1주일, 30일, 60일, 90일, 6개월, 1년 단위로 구상해 글로 작성하는 것이었다.

나는 아주 열심히 이를 수행했다. 특히 앞으로 내가 하고 싶은 일을 통해 성취하고자 하는 바를 미래 여행이라는 형식으로 생생하게 그리는 작업은 내 가슴을 몹시 두근거리게 만들었다.

프로그램 수행 결과 내가 선택한 직업은 누군가의 자기 인식을 돕고 이를 분석해 그 사람에게 알맞은 직업을 찾아줌으로써 성장을 돕는 역할을 하는 일이었는데 나는 이것을 '생애설계연구가'라고 명명했다.

나는 이후 훌륭한 생애설계연구가가 되기 위해 많은 노력을 했다. 왜냐하면 대한민국의 많은 사람이 고등학교는 대학교를 가기 위해, 대학교는 직장을 얻기 위해 가고, 막상 직장에 들어가서는 아무런 비전 없이 그저 직장에서 잘리지 않고 버티기 위한 삶을 살아가는 현실이 너무도 안타까웠기 때문이다. 이는 다름 아닌 나의 이야기이기도 했다.

그 일환으로 회사 동료들을 모아 회사에서 제공하는 월급에 의존해 살아가는 것이 아니라 나 스스로가 하나의 독립된 브랜드가 되고자 하는 모임인 '아이 브랜드 클럽I brand club'을 만들었다. 우리는 관련 서적을 탐독하고 분야 전문가들과 교류하며 스스로가 시장에서 인정받는 최상의 브랜드가 되기 위한 방법들을 연구하는 한편 '성공하는 사람들의 7가지 습관' 등 관련 교육 프로그램을 이수했다. 그리고 나는 '데일 카네기' 강사 과정을 수료하고 자격증을 취득해 수차례 사내외 강연을 하며 전문가로서의 기틀을 다졌다.

요즘처럼 취업 자체가 힘든 세상에 어영부영 시간만 때우는 식으로 직장생활을 했다가는 회사에서 살아남기 어렵다. 하지만 그저 현실에 충실한 것만으로 미래가 보장되지는 않는다. 미래는 적극적으로 개척해야 할 대상이다.

얼마 전 『미래일기』라는 책을 낸 개그우먼 조혜련 씨의 이야기가 마음에 와 닿았다. "간디가 한 말 중에 '사람은 생각한 그대로의 사람이 된다'라는 말을 좋아해요. 미래에 무엇을 할지 정해놓으면, 그렇게 되기 위해 현재 어떤 노력을 해야 할지가 보이기 때문에 시간을 낭비하지 않고 꿈꾸는 모습을 찾아갈 수 있지요." 외모도 그리 뛰어나지 않고 어찌 보면 연예인으로서 큰 메리트가 없는 그녀를 현재의 자리에 이르게 해준 버팀목은 바로 일기를 통해 미래를 여행하는 것이라고 한다.

더 늦기 전에 현재에 급급해 별다른 비전 없이 살아가고 있는 것은 아닌지 스스로를 돌이켜보자. 미래는 그냥 주어지는 것이 아니라 우리가 꿈꾸는 대로 이루어진다. 마치 타임머신을 타고 미래로 날아가기라도 한 것처럼 자기가 꿈꾸는 스스로의 모습을 생생하게 그려보자. 그리고 그 모습을 실현하기 위한 구체적인 방안을 마련해 실천해보자. 예컨대 자기가 살고 싶은 곳이 있다면 그 지역 복덕방에 들러 주택 시세를 확인해보는 등 현실적인 행동을 취하는 것이다. 미래의 자기 모습을 현실감 있게 그릴수록 보다 구체적인 실천 방안을 세울 수 있게 마련이고 이로써 그 모습은 단지 꿈이 아닌 현실이 될 수 있다.

자! 현실에 안주하여 주저앉지 말고 미래로 여행을 떠나보자. 어쩌면 이 여행을 통해 평생 먹고 살 수 있는 삶의 밑천을 잡을 수도 있다.

모든 직장인에게는 멘토가 필요하다

오옥균

우리 모두 인생의 어느 때에 이르면 멘토가 필요하다. 멘토란 우리를 안내하고 보호하며 우리가 아직 경험하지 못한 것을 제시하는 사람이다. 멘토는 우리의 상상력을 고취시키고 욕망을 자극하고 우리가 원하는 사람이 되도록 기운을 북돋워준다. 멘토는 우리가 그를 필요로 할 때 나타나서 우리 삶을 풍요롭게 해주는 대부나 대모와 같다고 할 수 있다.

-『미술관에는 왜 혼자인 여자가 많을까』(플로렌스 포쿠, 푸른숲) 중에서

나이가 40을 넘어가면서 나는 부쩍 신경이 예민해지고 조급증이 났다. 지난 20여 년간 직장생활을 했지만 특별히 이룬 것 없이 나이만 먹은 것 같고, 그냥 이렇게 살다가 내 인생이 끝나버리는

것은 아닐까 하는 생각이 들었기 때문이었다. 그럼에도 별 뾰족한 방법이 없어 그저 애만 태우며 대책 없이 하루하루 살아가고 있을 무렵이었다. 어느 날 서점에 들렀다가 내 눈에 들어온 책이 한 권 있었다. 바로 구본형 소장의 『그대 스스로를 고용하라』였다. 서문에는 이렇게 쓰여 있었다.

"이 책은 다른 사람의 뜻에 의존해야 했던 사람들, 자기를 버리고 늘 남이 되어 살았던 사람들, 자신을 깊숙이 들여다 볼 기회를 갖지 못했던 사람들, 그리하여 한 번도 자신을 불태워 보지 못한 조직 인간들을 위한 것이다."

그런 사람이 바로 나였다. 나는 그 책을 단숨에 읽어버렸다. 공감하는 글귀들에 형광펜을 칠하며 생각했다. '어쩜 이리도 내 마음을 잘 알까?' 그리고 나는 그의 다른 책들도 찾아 읽어보았다. 책에 스민 저자의 마음과 정서가 나의 가치관에 쏙 맞았다.

이후 나는 그의 강연을 찾아 들을 정도로 팬이 되었고 그럴수록 그의 됨됨이에 매료되었다. 그리고 한 펜션에서 열린 2박 3일 프로그램에서 마침내 나는 구본형 소장과 일대일로 대면할 기회를 갖게 되었다. 미리 준비해 간 그의 저서를 내밀며 사인을 요청했더니 사람 좋아 보이는 웃음을 지으며 사인과 함께 "소중한 인연을 맺게 되어 감사하며, 만남이 오래 이어지길 원한다"고 적어주었다.

그리고 그 만남이 계기가 되어 진짜로 나는 이후 구본형 소장과 가깝게 지내며 깊은 관계를 맺게 되었다. 곁에서 지켜본 그의 언행일치된 삶은 내게 큰 감명을 주었고 나는 지금껏 그를 멘토로 모시고 있다. 아울러 나는 그의 가르침에 따라 일개 직장인에서 '전문적 1인 기업가'로의 탈바꿈을 추구하게 되었고 이는 현재도 진행 중이다.

한번은 내가 힘들고 지쳐 쓰러졌을 때 그는 "너는 속에 펄펄 끓는 뜨거움을 가지고 있으며, 그것을 적절히 분출하지 못해 생긴 분노를 동시에 가지고 있구나. 이미 높은 자기 기준을 설정해두었는데 거기에 못 미치는 현실의 너를 못마땅하게 여기고 있지만 스스로를 묶어두었던 고삐를 풀면 천 리를 갈 수 있는 훌륭한 준마다. 나는 그것을 확실히 느낄 수 있구나"라고 편지를 적어 보내주었다. 이처럼 그는 저 멀리 책 속에 존재하는 사람이 아니라 곁에서 나를 지켜보며 애정 어린 후원을 아끼지 않는 조력자가 되어주고 있다. 피겨 선수 김연아 뒤에 브라이언 오서 코치가 없었다면, 박지성이 히딩크를 만나지 않았다면, 그리고 월드 가수 비에게 박진영이 없었다면 그들은 지금과 같은 영광을 누리지 못했을지도 모른다. 구본형 소장은 그만큼이나 내게 든든한 버팀목이다.

내 지인 한 사람은 '인생의 터닝포인트에 성공한 사람들'이란 테마로 꾸준히 인터뷰를 하며 많은 멘토를 만났다. 사실 인터뷰라고는 하지만 신문이나 잡지에 기고를 하는 등의 특별한 목적이 있었던 것은 아니었다. 그저 나이 40이 넘어서면서 스스로의 삶에 회의를 느꼈고 무언가 변화를 일으킬 만한 계기가 절실했던 나머지 자기보다 앞서 인생의 전환에 성공한 사람들의 이야기를 들어 보고자 했던 것이다. 처음에는 누군가로부터 소개를 받았지만 이후에는 릴레이식으로 추천이 이루어지면서 각계각층의 많은 사람을 만났고, 그렇게 그들의 이야기를 듣고 노하우를 접하면서 자연스레 멘토의 관계가 형성되었다고 한다.

쑥스러운 이야기지만 나 또한 예전에 한 직장 후배로부터 멘토가 되어줄 것을 부탁받은 적이 있다. 돕고 싶은 마음이야 굴뚝같았지만 막상 고민을 들어 보니 나로서는 큰 힘이 되어줄 수 없을 것 같아서 나와 가깝게 지내는 한 교수님을 소개해주었는데 지금까지도 좋은 관계를 유지하고 있다.

나는 비록 기회를 다음으로 미루었지만 사내에서도 훌륭한 멘토를 찾을 수 있다. 업무적으로 많은 경험과 노하우를 가진 선배 혹은 상사는 그 누구보다 나의 고민이나 문제점에 대해 잘 이해하고 직접적인 도움을 줄 수 있기 때문이다. 중요한 것은 각자 자신의 상황을 잘 살피고 그에 적합한 사람을 스스로 찾아야 한다는 점이다. 많은 기업이 멘토링 제도를 운영하고 있지만 사실상 큰 효과를 거두지 못하고 있는 이유는 그 만남이 멘티의 절실함과 멘토의 진정성에서 비롯된 것이 아닌 형식적 차원의 업무적 도제 관계에 그치는 경우가 많기 때문이다.

일과 관련된 문제뿐만이 아니라 자기 인생 전반에 걸쳐 마음을 털어놓고 진정 어린 조언을 받을 수 있는 누군가만큼 살아가는 데 힘이 되는 존재도 없을 것이다. 하지만 그런 사람을 만나기 위해서는 앞서 소개된 사례들에서 본 것처럼 적극적인 노력이 필요하다. 스스로가 지닌 문제와 고민을 숨겨둔 채 혼자 끙끙대기보다는 열린 마음으로 주변을 살펴 자기에게 도움을 줄 수 있을 만한 사람들을 적극적으로 찾아 나서 보자.

사내 멘토링 제도를 성공적으로 도입한 회사들

한미약품은 2009년부터 신입사원들의 사내 문화 적응 및 인재 육성을 목적으로 경력사원들과의 결연을 통한 멘토링 제도를 도입해 매달 활동비를 지원하고 '멘토링 데이' 등 다채로운 프로그램을 운영하고 있는데 정서적 · 업무적 공감대 형성과 애사심 증진에 큰 효과를 보고 있다고 한다. 또 경기도시공사는 2006년부터 사내 멘토링 제도를 도입해 신입사원들의 이직률을 크게 낮추고 조직의 활력을 불어넣고 있다. 한편 IT 분야에서는 기업이 관련 학과 대학 재학생들을 대상으로 멘토링을 사업을 하는 사례가 많은데 이로써 맞춤형 인재 육성 및 채용에 큰 효과를 보고 있다고 한다.

4장
직장이 **진짜 삶의 무대가** 된 사람들

직장생활의 수명이 점점 짧아지고 고용 안정이 갈수록 불안해지고 있지만 그 와중에서도 성공적으로 커리어를 쌓으며 회사에서 입지를 굳혀나가는 사람들은 존재한다. 그들의 공통점은 직장을 자기실현의 장으로 생각하고 이를 적극적으로 실천한다는 것이다.
그저 밥벌이를 위해 하는 일일지언정 기왕 하는 직장생활, 남부럽지 않게 인정받고 성공하고 싶은 게 인지상정이지만 정작 대부분의 직장인은 자기 일에 그럴 만한 확신을 갖지 못한 채 꾸역꾸역 하루하루를 보낸다.
그렇게 당나귀가 억지로 등에 짐을 지고 가듯 일을 해서는 결국 미래가 불투명한 한낱 월급쟁이로 전락할 수밖에 없다. 마치 정글을 호령하는 사자처럼 일의 주인이 되어 성과를 내고 이로써 스스로를 증명해야 한다. 직장을 진정한 자기 삶의 무대로 삼는 프로 직장인이 되어야 한다.

일의 참 맛을 느껴라

오병곤

쓸모없고 헛된 노동보다 더 무시무시한 벌은 없다.

– 알베르 까뮈

직장인의 삶은 다람쥐 쳇바퀴 돌 듯 매일같이 반복된다. 아침에 눈 뜨자마자 출근해서 일을 하다 점심식사를 하고 난 후 또 일하다 퇴근하여 저녁을 먹고 잠자리에 든다. 이런 패턴이 월요일부터 금요일까지 반복된다. 오로지 밥벌이를 위해 마지못해 회사에 다니니 지루하고 시들시들하다. 일이 재밌을 리 없다. 이러한 현실은 적극적인 행동을 취하지 않는 한 변하지 않는다.

지난 내 직장생활을 반추해보건대 초반 10년 정도는 정말 밤낮없이 일했던 것 같다. 월화수목금금금… 주말이 따로 없었다. 첫 아이의 출산을 앞두고 있을 당시에도 한 고객사의 프로젝트를 맡아 진행하고 있었는데 시스템 오픈이 얼마 남지 않았던 탓에 아내를 제대로 챙기지 못했다. 결국 출산 당일에도 밤늦게까지 야근을 하느라 아내의 곁을 지키지 못했다.

처음으로 아빠가 된 기쁨을 누릴 새조차 없이 일해야 하는 현실에 큰 비애를 느꼈다. 그리고 나를 더욱 힘들게 했던 것은 내가 당시 맡고 있던 IT 소프트웨어 개발 업무에 별다른 흥미나 보람을 느끼지 못하고 있었다는 점이다.

그러던 중 나는 바로 맞은편에 위치한 품질경영 부서의 업무에 관심을 가지게 되었다. 한동안 곁에서 그들이 일하는 모습을 지켜본 결과 변화와 혁신을 추구하는 나의 기질에 잘 맞는다고 여겨졌기 때문이다. 그 무렵 마침 회사는 전사적으로 품질에 대한 인식을 높이고 주목할 만한 성과를 만들어내기 위한 프로젝트를 계획했고 나는 상사를 설득해 여기에 참여하게 되었다. 그것도 책임자로서 말이다.

당시 국내 동종 기업들의 이슈 중 하나는 글로벌스탠더드 수준의 품질 역량을 제고하는 것이었다. 그러나 우리 회사는 타 회사에 비해 출발이 늦어 빠른 시간 내에 동시다발적으로 과제를 수행해야 하는 상황에 처해 있었다. 그래서인지 경영진은 겉으로는 너무 무리하지 말라며 다독이기는 했지만 내심 서둘러 가시적인 성과를 내기를 바라는 듯했다.

프로젝트의 목표는 크게 세 가지였다. 첫째는 현재 일하는 방식과 절차를 다시 수립하여 국제 인증을 획득하는 것이었고, 둘째는 프로젝트를 효율적으로 관리할 수 있는 시스템을 구축하는 것이었다. 그리고 셋째는 직원들의 업무 수행 능력을 획기적으로 향상시키는 것이었다. 어느 것 하나 만만한 것이 없었다. 2년은 족히 걸릴 만한 목표들이었다.

우선 팀원 선발에 착수했다. 목표하는 바를 이루기 위해서는 무엇보다 사람이 중요했다. 충원이 시급했음에도 이 사람이다 싶은 확신이 서지 않으면 선발을 미루고 다음 기회를 기다렸다. 이와 같은 일련의 과정을 거쳐 인원 확보가 완료된 우리 팀은 그야말로 자타가 공인하는 탁월한 역량을 지니게 되었다.

사무실 건물 지하에 마련된 골방에 자리를 잡은 우리는 수많은 날을 토론과 학습에 몰두했고 그 결과를 실행에 옮겼다. 몇 번의 난관이 있었지만 뚝심을 가지고 돌파해나갔다. 그렇게 2년이 지나 마침내 프로젝트 관리 시스템을 성공적으로 오픈하고 국제 인증을 획득했다. 그리고 그해 연말 우리는 사내 '올해의 단체' 상을 수상했다. 가슴이 뭉클해 눈물이 글썽거렸다. 이제껏 일하면서 느껴보지 못한 진한 보람이었다.

직장은 두 가지 의미를 지닌다. 우선 밥벌이 수단으로서 우리는 그곳에서 일한 대가를 통해 생계를 유지한다. 이를 해결해주지 못한다면 제대로 된 직장이라 할 수 없다. 하지만 직업이 밥벌이에만 그친다면 결국 지치고 지겨워질 수밖에 없다. 직장의 두 번째 의미는 자기실현의 장이다. 인간은 스스로의 가능성을 실현하고 이를 인정받을 때 행복감을 느낀다. 직장인이라면 바로 자신의 일터에서 그 가능성을 찾아내 발휘해야 한다. 요컨대 직장은 단지 밥벌이를 위한 수단을 넘어 행복을 보장하는 삶의 터전이어야 한다.

이는 저절로 이루어지지 않는다. 스스로가 목표한 바를 이루어내는 능력을 향상시켜야 한다. 하지만 대부분의 사람은 목표를 자신의 능력보다 낮게 잡는 경향이 있다. 그들은 결과가 아니라 노력 자체에 몰두한다. 사람은 자신이 스스로 설정한 목표에 따라 성장하는 법이다. 능력은 목표를 높게 잡고 이를 이루어내는 과정을 통해 향상된다. 그렇게 자신의 능력을 성과로 연결하는 실행 능력을 키워야 한다. 실행 능력은 하나의 습관이다. 구구단을 외우는 것처럼 실행 능력을 몸에 익혀야 한다. 그렇게 스스로를 성장시켜나갈 때 직장인은 비로소 '일하는 재미'를 느끼게 된다. 목표를 성취해가며 능력을 향상시키고 일의 재미를 느끼는 선순환 구조가 조성될 때 직장인은 행복해질 수 있다.

직장생활 10년, 나만의 첫 책 쓰기

오병곤

"딩동딩동-"

"누구세요?"

"택배 왔습니다."

2007년 2월, 봄이 얼마 남지 않은 토요일 오후. 출판사로부터 택배 박스가 도착했다. 테이프를 쭉 힘차게 뜯어내자 따끈따끈한 책들이 모습을 드러냈다.

'아, 드디어 내 책이 나왔구나.'

붉은색이 주를 이루는 강렬한 표지가 마음을 흔들었다. 먼저 내 인생의 스승 구본형 소장이 써준 추천사를 읽고 또 읽었다. 추천사에서 그는 나를 '성실한 독종'이라고 치켜세우면서 마지막 구절에는 "나는 이 책의 추천사를 쓸 수 있게 되어 자랑스럽다"는 찬사를 남겼다. "자랑스럽다"라는 대목에 한참 시선이 머물렀다. 눈으로 읽다가 마음으로 읽었고 마침내 눈시울에 눈물이 그렁그렁해졌다.

마침 이날 변화경영연구소 수업이 있었다. 나는 연구원들에게 줄 책에 일일이 사인을 하고 세검정에 있는 한 북카페로 향했다. 책을 보여줄 생각에 조바심이 났다. 도착하자 자리에 모인 사람들이 환하게 반겨주었고 책을 높이 추켜올리며 환호를 했다. 모두들 마치 자신의 책을 출간한 것처럼 무척 기뻐했다.

이후 한동안 우리 아이들은 친구들이 집에 찾아오면 내 책을 꺼내 보여주며 자랑을 했다. "우리 아빠는 책도 썼다. 나도 나중에 재미난 동화책 쓸 거야." 아빠로서 아이들에게 큰 선물을 준 것 같아 무척이나 흐뭇했다. 또 부모님은 내가 책을 낸 것이 가문의 영광이라도 되는 것처럼 기뻐했고 수십 권을 사서 친척들에게 나눠주었다.

나는 독자들의 반응이 무척이나 궁금했다. 인터넷서점과 포털사이트를 매일같이 확인했는데 그리 많은 서평이 올라오지는 않았지만 그래도 호평이 많았다. 내 책이 누군가에게 도움이 되었다고 하니 큰 보람을 느꼈다.

내용 ★★★★★ 편집/디자인 ★★★★★ | 팔레로

왜 이제야 이런 책이 나왔는지……. 한국의 현실에서 고민하고 체득한, 대한민국 개발자로서 살아갈 이 땅의 많은 이에게 들려주는 삶의 지혜와 숨결을 느낄 수 있었다. 한 분야에서 좌절하지 않고 처절하게 살아온 이의 고뇌와 철학이 이 책 곳곳에 녹아 있다. 이 책으로 인해 다시 한 번 가슴이 뜨거워졌다. 내 인생을 다시 생각하게 해준 정말 고마운 책이다.

소문이 나면서 원고 청탁과 강연 요청이 들어왔다. 강연 준비를 하면서 책의 내용을 요약하고 전달할 메시지를 정리했다. 사내 강사로 활동하면서 수차례 강연을 해보았지만 내 책을 들고 무대에 서려니 사뭇 설레었다. 강연을 마치고 참석자들과 기념 촬영을 하고 함께 저녁 식사를 했다. 그들은 나를 '선생님'이라고 부르며 여러 가지 질문을 쏟아냈다.

몇몇 신문과 잡지에 인터뷰 기사가 나기도 했는데 막상 그렇게 세상에 널리 알려지자 내가 책을 제대로 쓰기는 한 건가 하는 불안이 들기도 했다. 그런데 얼마 후에는 방송에까지 섭외를 받았다. 한 케이블 TV 프로그램의 자기계발 관련 코너였는데 수줍기도 하고 부담이 되기도 해서 출연을 망설였지만 좋은 경험이라 생각하고 결국 응했다. 새벽부터 촬영이 시작되어 동네 학교 운동장에서 기수련 하는 장면을 찍고 출근길 전철에서 인터뷰를 했는데 수많은 탑승객의 시선에 얼굴이 화끈거렸다. 그리고 회사에서 일하는 모습을 찍고 퇴근 후에는 변화경영연구소 연구원들과 함께하는 장면을 촬영했다. 고된 하루였지만 신선한 경험이었고 얼마 후 TV에서 내 얼굴을 보니 기분이 묘했다.

내가 책을 쓰게 된 이유는 두 가지다. 우선 내 인생의 터닝포인트가 필요했다. 마흔을 목전에 두고 더 이상 이대로 살아서는 안 되겠다는 위기의식이 엄습해왔다. 당시 나는 누구보다도 치열하게 살아왔다고 자부했지만 앞으로의 삶을 어떻게 개척해야 할지 막막했다. 무언가 나를 증명할 수 있는 성과가 필요했다. 그때 떠오른 것이 책을 내는 것이었다. 이미 업계 최고의 자격증인 기술사 자격증을 갖고 있었지만 내 이름을 단 책에 비할 게 아니었다. 또 내가 10년 넘게 몸담은 IT 분야의 변화를 모색해보고 싶었다. 불철주야 일할 수밖에 없는 환경에서 지쳐가고 있는 후배들에게 희망의 메시지를 주고 싶었다. 나는 책을 통해 그 현실로부터 벗어날 수 있는 구원책을 탐색했다.

첫 책을 쓸 당시 나는 무척 바쁜 나날을 보내고 있었다. 언젠가 내 이름을 단 책을 꼭 써보고 싶다는 바람을 가지고 있기는 했지만 진짜 해낼 수 있으리라고는 생각지 못했다. 그러던 중 일이 많다는 핑계로 차일피일 미루다가는 결국 그저 꿈으로만 끝나고 말

거라는 각성이 들었고 우선 지금 당장 실천 가능한 일부터 시작해보기로 결심했다. 이후 나는 책을 쓰고자 하는 주제와 관련된 서적을 서른 권 정도 정해서 출퇴근길 지하철에서는 오로지 책 읽기에 몰두했고, 퇴근 후 저녁 시간과 주말은 책을 쓰는 데 집중했다. 그렇게 1년을 투자한 결과 내 책을 손에 쥐게 된 것이다.

첫 책은 내게 아주 중요한 도약의 발판이 되었다. 평범했던 월급쟁이가 한 분야의 전문가로서 인정받고 어엿한 작가로서 거듭났으니 말이다. 이를 통해 이제껏 경험해보지 못한 인생의 또 다른 묘미를 맛보았다. 그리고 그 경험과 감동을 고스란히 담아 『내 인생의 첫 책 쓰기』라는 책을 출간하기도 했다.

바야흐로 나 같은 일반인들이 책을 쓰는 사례가 점점 늘어나고 있다. 이전까지 책을 읽기만 했던 사람들이 이제는 직접 책을 쓴다. 일본에서는 10년 정도 일을 한 직장인들이 책을 출간하는 것이 하나의 사회적 트렌드가 된 지 오래고 국내에서도 공부하는 직장인 '샐러던트Saladent'를 넘어 자기가 일하는 분야와 관련된 콘텐츠를 직접 생산하는 '샐러라이터Salawriter'가 늘어나고 있다.

경험상 보건대 문학이 아닌 이상 꼭 글재주가 있어야만 책을 쓸 수 있는 것은 아니다. 그저 주제와 관련해 이야기하고자 하는 바가 명확히 드러나면 그만이다. 또 스스로 생각하기에 해당 분야와 관련한 소양과 경험이 아직 부족해 망설여진다면 더더욱 글을 써

볼 필요가 있다. 글로 정리해보는 과정을 통해 전문성이 한결 성장할 수 있기 때문이다.

상당 기간 동안 한 분야에서 일했고 나름 경력을 쌓아왔음에도 문득문득 직장인으로서의 자기 모습에 회의가 들고 앞날에 대한 두려움이 엄습해온다면 그간 일하며 축적한 지식과 성과들을 글로 기록해보자. 꼭 책을 내야 하는 것은 아니다. 그저 스스로의 전문성을 점검하고 정리해두는 것만으로도 향후 직장생활이 나아갈 방향을 잡는 데 훌륭한 길잡이가 되어줄 것이다.

업무의 달인을 만드는 유쾌한 경쟁

오세나

의욕만 앞서 좌충우돌하던 열혈 신입사원 시절, 답답한 마음에 한 선배에게 회사 생활에 대한 조언을 구한 적이 있다. 그는 누가 보기에도 유능한 사람이었기에 뭔가 나름의 비결을 가지고 있으리라 믿었다. 그런데 어렵사리 자리를 만들어 듣게 된 조언은 뜻밖의 것이었다.

"글쎄, 내가 보기에 넌 우선 복사 잘하는 법부터 배워야 할 것 같은데?"

"……!"

나는 그 황당한 이야기에 할 말을 잃고 말았다. 탁월한 자료 조사 능력도, 능수능란한 프레젠테이션도, 유창한 화술도 아닌 '복사'를 잘하라니…….

당시는 내가 통신 회사 해외사업팀에서 일할 때였다. 해외사업팀의 업무는 국내에서 통신 사업을 하며 축적된 노하우를 기반으로 해외시장에 진출하는 것이었다. 이를 위해 우리 팀은 해외 사업자들이 실시하는 입찰에 정기적으로 참여했고 여기에는 많은 준비가 필요했다.

그중에서도 사람들이 가장 두려워했던 것은 입찰 마감 무렵이면 찾아오는 '복사의 날'이었다. 복사의 날이란 말 그대로 하루 온종일 필요한 서류들을 복사하고 이를 철하는 날이다. 두꺼운 바인더 하나를 꽉 채울 정도로 많은 분량의 원본 서류를 대개 10명 정도 되는 심사위원 수에 맞추어 복사해 함께 제출해야 했다. 그렇다고 미리 복사를 해둘 수도 없었다. 마감 직전에 서류 내용이 변경되거나 할 수 있기 때문이었다. 어쩔 수 없이 마감일에 임박해서 늦은 시간까지 일을 해야 했다.

당시 신참이었던 나는 그 복사의 날이 정말 싫었다. 어디론가 도망 가버리고 싶은 심정이었다. 해외사업팀이라고 해서 외국 여기저기를 다니는 멋진 모습을 상상했건만 이런 허드렛일이나 하게 될 줄은 상상도 못했었다. 입찰 마감 때마다 그 고역이 반복될수록 괴로움은 더해갔고 어떻게든 피하고만 싶었다.

그러던 어느 겨울날이었다. 어김없이 복사의 날이 찾아와 전 팀원이 서류를 만드는 데 매달려 있었다. 어느새 새벽 두 시가 가까워 오는데 아직도 할 일이 한참이나 남아 있었고 시간이 시간인지라 다들 출출한 기색이었다. 하지만 야식을 사려면 멀리 나갔다와야 하는데 밖에는 찬바람이 휭휭 불고 눈도 소복소복 내리고 있어 누구 하나 선뜻 나서지 않았다.

그때 평소 유쾌하기로 소문난 김 과장님이 '야식배 서류 빨리 만들기' 내기를 제안했다. 처음에는 다들 그렇게 여유 부릴 틈이 어디 있냐는 생각에 내키지 않는 듯했지만 더 이상 허기를 견디기가 어려웠는지 결국 내기에 응했다.

그런데 막상 내기가 시작되자 놀라운 일이 벌어졌다. 내내 따분해 죽겠다는 얼굴로 일하던 이들이 언제 그랬냐는 듯 죽기 살기로 달려든 것이다. 둘씩 팀을 짜 10분 동안 복사본을 누가 더 많이 만들어내는지 겨루기로 했는데 처음에는 마음만 급해 손발이 잘 안 맞았지만 금세 요령이 생겨 속도가 붙었다. 대체로 한 명은 복사를 하고 한 명은 펀치로 바인더에 끼울 구멍을 내는 방식을 취했고, 그 와중에 곁눈질을 하며 서로의 방식을 따라 하기도 했다. 정해진 시간이 다 지날 무렵에는 팀별로 만들어낸 양에 상당한 차이가 나 있었고 우리 팀은 다행히 꼴찌는 면했다.

우리는 꼴찌 팀이 사다 나른 야식을 먹으면서 서류를 만드는 나름의 노하우로 이야기꽃을 피웠다. 여러 사람의 머리를 모으니 왜 이런 걸 진작 몰랐을까 싶을 만큼 좋은 방법이 쏟아져 나왔다. 이전에는 있는지조차 몰랐던 복사기의 반복 기능을 활용한 팀이 있는가 하면 두 손으로는 복사물을 정리하며 발로 복사 확인키를 누른 사람도 있었다.

이야기를 나누는 와중에 더욱 승부욕에 불타오른 우리는 다음 날 점심 내기로 다시 시합을 했다. 그렇게 즐겁게 경쟁을 하며 일하니 한결 능률이 올랐고 비교적 이른 시간에 작업을 마무리 지을 수 있었다. 이전과는 사뭇 달랐던 그 복사의 날은 지금도 유쾌한 추억으로 남아 있다.

내가 지금 다니는 회사에는 재밌는 전통이 하나 있다. 매년 가을 쯤이면 전 회사가 축제 분위기로 들썩이는데 전국의 우리 회사 통신기술 엔지니어들이 한자리에 모여 서로의 능력을 겨루는 기술 올림피아드가 열리기 때문이다. 대회가 열리는 건물에는 경기장을 알리는 표지판이 붙고 플래카드도 설치된다. 올림피아드에 출전하는 기술자들은 전국 지사에서 예선을 거쳐 선발되며 며칠씩 합숙 훈련을 하기도 한다.

사실 통신 회사에서 현장 엔지니어는 '잘해야 본전'인 자리다. 서비스 개통 등의 업무는 아무리 잘해도 그 성과가 눈에 띄기 어렵지만 어쩌다 장애 처리를 제대로 못하기라도 하면 큰 위기를 맞는다. 예컨대 유선전화나 초고속 인터넷이 불통되면 사용자들로부터 격한 항의가 빗발친다. 하지만 이 대회에서만큼은 통신장비간 연결선 빨리 만들기, 장애 복구 빨리하기, 서비스 개통 빨리하기 등의 부문에서 그간의 경험을 통해 습득한 나름의 노하우와 실력을 맘껏 뽐낼 수 있다. 그리고 이러한 경쟁 속에서 그들의 업무는 매일같이 반복되는 지겨운 일이 아닌 마치 운동경기와도 같은 즐거운 게임이 된다. 올해로 5년째 맞는 이 행사를 볼 때마다 나는 야식 사 오기 내기에 눈이 멀어 정신없이 복사기를 돌리고 펀치를 찍어대던 그날 밤이 생각난다.

작은 경쟁은 우리를 흥분시킨다. 경쟁에 빠져 몰입하다 보면 지겹고 재미없는 일도 금세 재미있는 일로 바뀐다. 나는 요즘에도 가끔씩 일을 하다 지칠 때면 팀원들과 작은 상을 걸고 시합을 벌인다. 예컨대 한번은 일본 휴대전화 전자결재 시장의 2008년 매출 데이터가 필요해 제일 먼저 확보하는 사람은 바로 퇴근하기로 했더니 한 팀원이 정말 놀라우리만치 빨리 자료를 찾아냈다. 이 외에도 서류 정리, 엑셀 계산, 그래프 그리기 등 다양한 종목으로 경쟁을 벌였는데 잠시나마 스릴을 느끼며 즐겁게 일할 수 있기도 했고 서로의 업무 노하우가 공유되어 능률 향상에도 큰 도움이 되었다.

창조적인 방식으로 즐겁게 일하면 회사는 직원들이 열정적으로 업무에 임하니 좋고 직원들은 전문성을 향상시킬 수 있으니 좋다. 이를테면 우리 회사 기술 올림피아드 대회에서 우승을 하는 직원은 '기술 명장'이라는 칭호와 함께 포상이 주어지며 이로써 사내 입지가 크게 강화된다.

서비스 분야의 세계적 표준 리츠칼튼 호텔의 매뉴얼은 각 분야에서 뛰어난 성과를 보이는 직원들에 의해 직접 작성된다. 청소 매뉴얼은 청소를 제일 잘하는 직원이, 고객 접견 매뉴얼은 이를 가장 잘하는 직원이 직접 작성한다. 이렇게 작성된 매뉴얼은 전 세계 리츠칼튼 호텔에서 활용되며 매뉴얼 작성에 참여한 직원은 전문가로서 인정받아 전 세계를 돌며 노하우를 공유한다.

'생활의 달인'이란 TV 프로그램의 출연자들을 보면 진정 자기 일을 즐긴다는 것이 무엇인지 알 수 있다. 그들은 기계보다 더 빠르고 정확하게 자기 일을 해낸다. 매일같이 반복해서 하는 일임에도 매너리즘에 빠지거나 하지 않고 끊임없이 새로운 방식을 실험하고 연구한 결과다. 주어진 생업을 밥벌이 수단을 넘어 예술의 경지로 끌어올린 것이다.

숙련된 사람과 그렇지 않은 사람의 생산성은 큰 차이가 난다. 패스트푸드점의 숙련된 아르바이트 직원은 혼자서 일반적인 직원 네 사람 몫의 일을 거뜬히 해낸다. 숙련된 응급실 간호사는 무려 열두 명의 몫을 혼자서 해낼 수 있다. 더군다나 지식경제 분야에서는 숙련자와 비숙련자의 차이가 더 크게 마련이다. 이것이 우리에게 유쾌한 경쟁이 필요한 이유다. 아주 전문적이고 창조적인 일을 하는 사람도 많은 바 직무의 70퍼센트 이상은 단순하고 반복적으로 이루어지는, 이른바 '노가다'성 업무라고 한다. 이런 일이 즐겁지 않은 한 대부분의 업무 시간을 지루하고 따분하게 보낼 수밖에 없다.

적극적이고 주체적으로 일을 하면 업무도 재밌는 놀이가 될 수 있다. 우리가 일하며 즐겁지 않은 이유는 누군가 시키는 일을 그저 기계적으로 수행하기 때문이다. 남들이 소홀히 여기는 작은 일에서도 자신만의 아이디어를 짜내 성실하게 해내는 사람이라면 어떤 일이 맡겨져도 훌륭하게 해내게 마련이다. 이것이 바로 일단 복사부터 잘하라고 충고했던 선배가 내게 전하고자 했던 메시지가 아닌가 싶다.

경쟁과 보상을 통해
능력 향상을 이끌어내는 기업들

■ ■ ■

아웃백 스테이크하우스 코리아는 매년 전국 102개 매장, 5천여 명의 직원을 대상으로 업무 분야별 최고 실력자를 선정하는 사내 콘테스트를 개최한다. 콘테스트는 샐러드, 후라이, 소테, 그릴 부문으로 나누어 진행되는 조리 부문과 베스트 서버를 선정하는 서버 부문으로 나누어 진행된다.

또 크라이슬러 코리아에서는 2001년부터 매년 사내 기능 올림픽을 개최하여 우수한 실력을 가진 서비스 인력을 발굴, 포상한다. 일선의 자동차 정비 인력들은 이를 통해 각 정비 분야별로 신속성과 정확성을 겨룬다.

그리고 서울 체신청에서는 우체국 금융업무 담당 직원들이 예금보험 관련 지식을 정확하게 습득할 수 있도록 퀴즈 경진대회를 개최하며, 굿모닝신한증권에서는 신규 도입한 보험 분야에 관련된 고객 문의에 정확히 응대하기 위해 사원 교육 UCC 경진대회를 연 바 있다.

밉든 곱든 회사가 커야 나도 큰다

이은미

회사란 우리에게 어떤 존재일까? 우리는 회사에 대부분의 시간과 에너지를 쏟아 붓고 그 대가로 경제력을 얻는다. 그리고 이로써 자신과 가족의 살림살이를 유지한다. 이처럼 삶에 있어 막대한 비중을 차지함에도 어쨌건 직장생활로 인해 스스로의 자유와 욕구를 희생해야 하기에 애정을 느끼기는커녕 가능하기만 하다면 당장이라도 떠나고 싶은 곳일 따름이다. 한 회사에 몸담고 있는 이상 성공과 실패, 성장과 쇠퇴의 운명을 같이할 수밖에 없음에도 불구하고 이를 망각한 채 그저 수동적이고 기계적인 태도로 일관한다.

우리 회사의 고객 업체인 LIG손해보험에서 근무하는 김동룡 팀장은 기업제휴 부서 팀장으로 일하고 있다. 그의 주된 업무는 상품 판매 기반을 확충하기 위해 외부 회사들과 제휴 관계를 맺고 유지하는 일이다. 그는 이 일이 무척이나 좋다고 한다. 사람 좋아하고 상대방을 유쾌하게 만드는 매력을 지닌 그는 제휴사에서 인기 있는 담당자다.

하지만 그에게도 회사에 대해 나름의 크고 작은 불만이 있고 직장인이라면 피할 수 없는 반복적인 일상에 지친다. 좋아서 하는 일이라지만 때때로 찾아오는 권태는 어쩔 수가 없다.

김동룡 팀장이 그로부터 벗어나기 위한 돌파구로서 찾아낸 것이 달리기다. 그는 틈날 때마다 회사 앞 헬스클럽에 가서 러닝머신 위를 달리며 몸과 마음에 쌓인 피로와 지루함을 땀과 함께 쏟아낸다. 운동을 하며 업무 욕구를 재충전할 수 있으니 그야말로 일석이조라고 한다.

이뿐만이 아니다. 그는 정기적으로 마라톤 대회에 나가는데 그때마다 등판에 LIG 로고를 달고 뛴다. 2003년에 대전에서 열린 한 마라톤 대회에서 뜻밖에 좋은 성적을 거두었는데 그때 한 인쇄 매체에 자신의 사진이 크게 실린 것을 보고 회사 홍보를 할 수 있는 좋은 기회를 놓쳤다는 아쉬움이 들어 이후부터는 대회에 나갈 때마다 꼬박꼬박 회사 로고를 챙긴다고 한다. 이를테면 스스로를 회사 홍보대사로 임명한 것이다.

직장생활로부터 오는 권태를 해소하기 위해 달리면서 회사를 홍보하려 하는 것이 아이러니해 보일 수도 있지만 곰곰이 생각해 보면 그렇지만도 않다. 회사에 애정을 가지려는 노력 또한 직장인으로서의 삶을 계속해나가기 위한 하나의 방편일 수 있기 때문이다. 김동룡 팀장은 밉든 곱든 회사가 흥해야 자기 또한 흥할 수 있다는 진리를 깨닫고 실천하고 있는 것이다.

"회사란 존재는 어차피 개인의 삶과 떼려야 뗄 수 없는 관계에 있잖아요. 내가 성장하면 회사도 그만큼 성장하는 것이고 내가 몸담고 있는 회사가 성장하면 나또한 그만큼 성장하는 공생의 관계죠. 회사를 떠나지도 못할 거면서 불만만 늘어놓고, 남의 일 보듯이 일하는 직장인들을 보면 가슴이 답답해져요. 이왕에 할 거면 좀 더 즐겁게 일하고 회사와 내가 함께 성장하는 데 조금이나마 기여할 수 있다면 직장인으로서 그만큼 기쁜 일이 없겠죠. 뭐 좀 더 거창한 게 있으면 좋겠지만 내가 좋아하고 잘할 수 있는 일을 하면서 회사 홍보에 앞장설 수 있으니 오히려 제가 더 기쁘고 행복합니다. 성적까지 좋으면 금상첨화겠지요."

주위를 둘러보면 정말 마지못해 회사에 다니는 사람이 참 많다. 죽으나 사나 먹고 살려면 어쩔 수 없기에 맹목적으로 시키는 일만 하며 하루하루를 난다. 불평과 불만이 가득하지만 그저 비판에 그칠 뿐 변화를 위해 아무런 행동도 하지 않는다. 그런 사람들만 가득한 회사가 잘 될 리가 없다. 결국 그들은 스스로 자신의 생계 기반을 갉아먹고 있는 것이다.

직장인은 회사 없이는 존재할 수 없다. 아무리 싫다 해도 회사가 있기에 내가 있고, 그 회사를 유지하고 성장시키는 것은 나의 몫이다. 이러한 현실을 직시하고 일을 바라보는 관점을 변화시키자. 회사를 향해 기울인 작은 애정으로 직장인으로서의 내 삶이 풍요롭게 탈바꿈하는 경이로움을 체험해보자.

일하며 세상을 밝히는 진짜 프로 직장인

정경빈

강원도 영월에 있는 봉래중학교는 2009년에 실시한 전국 학업성취도 평가에서 1위를 차지했다. 서울 강남의 아성을 무너뜨리고 강원도 산골의 한 중학교가 1등을 한 데에는 어떤 비밀이 숨어 있을까? 봉래중학교에는 군복을 입은 선생님들이 있다. 방과 후 수업이 시작되면 이 '군인 선생님'들이 매주 2회 두 시간씩 학생들을 모아 가르친다. 이들은 모두 인근 군부대에서 학습 도우미로 자원한 현역 군인으로서 입대 전에 교사, 학원 강사 등으로 일했던 사람들이다. 군인 선생님들은 복무 기간 동안 자신들의 특기를 살릴 수 있으니 좋고, 학생들은 능력 있는 선생님들을 만나 실력을 키울 수 있으니 좋다.

이와 같은 프로보노probono가 뜨고 있다. 프로보노란 '공익을 위하여'라는 뜻의 라틴어 'pro bono publico'의 약어로 주로 여유가 없는 사회적 약자나 공익단체들에게 자신의 지식, 기술 등의 재능을 자발적으로 기부하는 것을 말한다. 일반적으로 기부라 하면 주로 물질적 차원에서 이루어지는 것을 의미했는데 재능이야 마음만 먹으면 누구라도 나눌 수 있으니 그야말로 기부의 혁명적 진화가 아닐 수 없다.

기부를 해본 사람들은 하나같이 말한다. 나눔을 통해 자기가 주는 것보다 더 크고 많은 것을 얻는다고 말이다. 누군가에게 필요한 존재가 됨으로써 스스로의 존재 가치가 더해지고 자신의 도움으로 어려운 처지의 이웃이 힘과 용기를 얻는다는 사실 자체가 비할 데 없이 큰 기쁨을 준다고 한다.

프로보노라고까지 칭할 만한지는 모르겠지만 나도 때때로 내가 가진 특기를 회사 동료들과 나누곤 한다. 직원 교육 부서에서 일할 당시 각종 행사에 참가할 일이 많다 보니 현장의 모습을 담기 위해 사진 촬영을 배웠는데 지금은 동료들 결혼식에 갈 때면 카메라를 챙겨 가서 내 나름대로 식장 풍경을 찍어 앨범을 하나씩 만들어준다. 틀에 박힌 결혼사진 앨범보다 자연스럽고 다채로운 장면들이 담겨 있어서 그런지 앨범을 받은 동료들이 무척이나 고마워한다. 이후 회사에 입소문이 나서 외부에서 열린 큰 행사에 나가 촬영을 한 적도 몇 차례 있다. 그리고 한번은 한 잡지에서 우리 회사를 기사에 소개하고 싶다며 원고 협조 의뢰가 들어온 적이 있었는데 당시에도 워낙 글쓰기에 관심이 많았던 터라 집필을 자원해 내 글이 대중매체에 실리는 특별한 경험을 하기도 했다.

내게는 당연한 듯 느껴지는 재능과 기술이 누군가에게 큰 도움이 될 수 있다는 마음으로부터 프로보노 활동은 시작되는 게 아닌가 싶다. 그렇다면 직장인인 우리는 늘 가까이 지내는 주변 동료들부터 우선 살펴보면 어떨까? 내가 가진 자질로 도움을 줄 수 있는 누군가를 말이다.

아마도 회사에서 도움의 손길을 가장 절실히 필요로 하는 것은 신입 사원들일 것이다. 몇 해 전 우리 부서에 들어온 신입 사원 하나가 꼭 그랬다. 열정과 패기로 가득 차 있기는 했지만 정작 무엇을 어떻게 해야 할지 막막해 허둥대는 그가 안타까웠던 나는 뭔가 도움을 주고자 고민한 끝에 하루에 한 시간 정도씩이나마 시간을 내어 그의 멘토가 되기로 자처했다. 그리고 그에게 도움이 될 만한 내 나름의 노하우들을 정리해 한 달짜리 커리큘럼을 짰다. 회사의 지시로 하는 일이 아니었기 때문에 일과 후 가외의 시간을 들여야 했지만 그가 하루하루 업무에 적응해나가는 것을 보고 마음이 무척이나 뿌듯했다.

이후에 입사한 다른 몇 명의 신입 사원에게도 멘토링을 해주었는데 뜻밖의 일이 벌어졌다. 그들이 주변 지인들에게 나를 추천하여 다른 회사로부터 교육 진행 제안을 받은 것이다. 이는 사원 교육 및 인사 업무에 나름의 비전을 가지고 있던 내게 좋은 경험이 되었고 더군다나 이를 계기로 경력 사원 변화관리 프로그램을 진행하는 기회도 몇 차례 가질 수 있었다.

1969년부터 40년이 넘게 이발사로 일해온 조금규 씨는 일을 시작한 지 얼마 지나지 않아서부터 고아원, 양로원 등을 찾아다니며 무료 이발 봉사 활동을 해왔다. 별 생각 없이 시작했는데 봉사를 하면 할수록 자기가 안 가면 누가 그 사람들 머리를 깎아줄까 하는 생각이 들어서 가지 않을 수가 없었다고 한다. 요즘에는 남자들도 주로 미용실을 이용하기 때문에 손님이라고 해야 하루에 고작 열 명 남짓이지만 아무리 힘들어도 일을 그만둘 생각이 없고 이발 봉사도 계속할 거라고 한다.

이처럼 프로보노 활동을 한다는 것은 일면 직업이 한낱 돈벌이를 넘어 그 사람 정체성의 일부로서 자리를 잡았고, 일하는 것 자체를 즐긴다는 의미다. 반대로 직업이 그저 돈벌이에 그치는 사람에게 직장생활이 즐거울 리 없고, 스스로 자기 하는 일을 보잘것없다고 여기고 불평과 불만만 쌓아가는 사람이 직업적 성공을 거둘 리도 없다. 요컨대 프로보노 활동을 실천하느냐 마느냐가 아니라 자기가 하는 일에 대한 태도가 어떠한지가 중요하다. 직장생활이 스스로 자부심을 느끼는 보람된 나날이 될지, 아니면 하루하루 가까스로 버텨내는 고역의 연속이 될지는 결국 스스로의 마음먹기에 달려 있다.

대한민국 직장인들의 멋진 음모가 시작되다

Step 1 직장인 사발통문

우리는 대한민국 직장인이다.

회사에 지치고 일에 지치고 사람에 지쳐도 월급날이면 언제 그랬냐는 듯 되살아나는 평범한 직장인이다. 하지만 우리 공저자 여덟 명은 일하는 분야도 다르고, 연령대도 20대에서 50대에 걸쳐 각양각색인지라 함께 책을 쓰리라곤 누구도 상상하지 못했다. 그럼에도 딱 하나 공통점은 마지못해 회사를 다니는 대신 내가 주인이 되어 스스로 즐길 수 있기를 원한다는 것이다.

봄은 왔지만 어려운 경기에 직장인들의 가슴이 스산하던 2009년 5월, 구본형 선생은 자신의 홈페이지에 다음의 글을 올렸다.

〈회사에 있는 동안 꼭 해 봐야 할 멋진 일 한 가지〉

여러분과 함께 직장인을 위한 작은 캠페인을 하나 시작하고 싶습니다.

나는 이 캠페인의 이름을 '회사에 있는 동안 꼭 해 봐야 할 멋진 일 한 가지'라고 지었습니다. 어쩌면 이 일은 회사를 나오기 전 우리가 해 봐야 할 가장 아름다운 일이기도 할 것 같습니다. 훗날 돌이켰을 때 여러분의 회사 생활이, 빛나는 그리움이 되게 해줄 멋진 일 한 가지를 계획해보는 것이지요.

따분한 반복을 일거에 뒤집어엎는 통쾌한 웃음 같은 일 하나, 그저 그런 뻔한 하루 하루에 무감각해진 나와 동료들의 눈이 번쩍 뜨일 일 하나, 생각만으로도 우리를 흥분시키는 일 하나, 지루한 일상을 시詩로 전환시킬 수 있는 멋진 음모 하나, 그런 일 말입니다.

얼마 지나지 않아 사람들이 이 프로젝트에 흥미를 보이기 시작했고, 최종 여덟 명이 뜻을 함께했다. 그로부터 두 달 후 첫 모임을 가진 우리는 사발통문을 쓰는 의병들처럼 비장했다. 각자 불만도 많고 하고 싶은 말도 많았지만 아직 아무것도 준비된 것이 없었다. 우리는 훈련되지 않은 저자들이었다. 여러 사람이 함께 쓰니 상대적으로 쉬울 것 같았지만 막상 작업에 착수하자 현실은 그렇지 않았다. 의견을 조율하고, 글의 형식을 조율하면서 써나가는 과정이 만만치 않았다. 이에 우리는 다음과 같은 원칙을 정했다.

- 원고가 마무리될 때까지는 집필이 최우선이다.
- 집필 과정을 즐긴다.
- 작업은 반드시 공유한다.

일단 가제와 콘셉트를 정했다. 당시 가제는 '회사를 그만두기 전에 해야 할 멋진 일 50가지', 콘셉트는 '나부터 시작해 회사도 살리고, 나의 일상도 살리는 창조적 실천'이었다. 이처럼, 지쳐가는 대한민국 직장인들을 위해 유쾌한 캠페인을 하나 해보자는 소소한(?) 아이디어에서 우리의 음모는 시작되었다.

Step 2 '죽은 회사 내가 깨우기' 프로젝트

책 쓰는 일은 맛있는 과자를 굽는 과정과 비슷했다. 재료를 모아 손질하고, 이를 반죽해 숙성시켜 오븐에 구우면 군침을 돌게 하는 과자가 나온다. 우리 작업 과정도 이처럼 단순했다. '아이디어 수집→아이디어 가공→글쓰기.'

재료에 따라 과자가 달라지듯이 책에서는 글감이 중요하기에 우리는 좋은 아이디어를 모으기 위해 동원 가능한 모든 수단을 활용했다. 우선 효율을 높이기 위해 아이디어 수집 방식에 따라 '설문 및 인터뷰', '리서치', '상상력', 이렇게 세 팀으로 나누었다. 설문 팀은 지인과 전문 리서치 회사에 문의해 수백 명의 직장인을 대상으로 설문조사를 했고 부족한 부분은 심층 인터뷰를 통해 보충했다. 리서치 팀은 실제 사례들을 조사했고, 상상력 팀은 보다 창의적인 아이디어를 뽑아내기 위해 영화, 소설 등을 섭렵하며 아이디어를 모았다.

그렇게 주말도 없이 밤을 새워가며 작업하기를 어언 한 달. 이젠 더 이상 나올 것이 없겠다 싶은 시점에서 비로소 아이디어 숙성 단계로 넘어갔다. 아이디어 수집 작업은 각개전투로 이루어졌지만 이때는 많은 토론이 필요했다. 그러나 여덟 명의 직장인이 한 자리에 모이기란 쉽지 않은 일이었다. 결국 우리는 함께할 시간을 확보하기 위해 저술을 목적으로 여행을 떠나기로 했다. 그리고 이는 집필 과정에 있어 하이라이트가 되었다.

Step 3 책 쓰러 여행 가다

좋은 환경에서 좋은 아이디어가 나오리라는 기대에 여러 곳을 물색하다 마침내 속초가 목적지로 결정되었다. 일정은 2박 3일. 떠날 때는 좋았지만 숙소에 도착하자마자 살인적인 스케줄을 소화하기 위해 끼니도 제대로 챙기지 못한 채 작업에 착수했다.

'회사에서 꼭 해보고 싶은 일'에 대해 우리가 모은 아이디어들은 양적으로는 방대했다. 그러나 대개 외국의 사례거나 직장인들의 평범한 바람 혹은 비현실적인 상상에 불과해 이를 그대로 책에 담기에는 무리가 있었다. 우리 책의 목적은 '이렇게 해볼 수도 있을 것 같아요' 하는 식의 무작정식의 제안이 아니라 직장인 독자들로 하여금 '나도 이렇게 한번 해 봐야겠다' 싶은 공감과 동기부여였기 때문이다. 이에 실현 가능성에 초점을 맞추어 우리의 경험을 중심으로 수정 작업을 해나갔다.

아이디어마다 수많은 의견이 쏟아졌다. 밥 먹는 시간 이외에는 모든 시간을 토론에 할애했고 한곳에서만 머물면 혹시라도 생각이 고정될까봐 회의실, 숙소, 원두막 등 장소를 옮기며 토론을 이어갔다. 그러다 보면 어느새 새벽 한두 시가 되었다. 몹시 지치기도 했고 속초까지 와서 바다 구경 한번 제대로 못했다는 아쉬움이 들기도 했지만 오히려 그 치열함에 마음이 뿌듯했다.

그렇게 아이디어 숙성 및 선별 과정을 거치고 나니 글감이 60개로 압축되었다. 이제 이를 나누어 각자 맡은 글감을 실제 글로 옮겨야 했다. 좋은 글감에는 서너 명이 달려드는 바람에 경매식의 쟁탈전이 벌어지기도 하고 각자 성향을 고려해 서로의 글감을 맞교환하기도 했다.

2박 3일의 짧고도 긴 여정을 마치고 돌아오는 길에 우리는 동해바다를 들렀다. 여름이 막바지에 이른 터라 사람은 거의 없었다.

말없이 해변을 거니는 동안 그해 여름의 마지막 태양이 우리의 가슴을 달구었다. 나의 글, 우리의 글도 이렇게 사람들의 가슴을 뜨겁게 할 수 있을까?

여행에서 돌아온 우리는 가을 내내 글을 썼다. 집필은 각자 쓴 원고를 다른 공저자에게 메일로 보내 공유하면 피드백을 해주는 방식으로 진행되었다. 그러는 동안 많은 변화가 일어났다. 어떤 원고는 통째로 날아가기도 했고, 새로운 글감이 생기기도 했다. 수정을 거듭하여 10월 중순에야 초고가 작성되었고 12월이 되어서야 탈고를 했다. 제목은 무수한 수정을 거친 결과 '회사가 나를 미치게 할 때 알아야 할 31가지'로 최종 결정되었다.

Step 4 회사가 나를 미치게 할 때… 저질러 보자!

봄, 여름, 가을, 겨울… 그렇게 한 해가 지나 마침내 우리의 프로젝트가 이 한 권의 책으로 나왔다. 돌아보면 함께 글을 쓰는 과정은 어디 하나 쉬운 게 없었다. 하지만 그 과정 속에서, 무작정 여행을 떠나고, 직장 내 누군가의 멘토가 되어주고, 사내 연애를 하는 등 직장인이라면 누구나 한번쯤 머릿속에 그려봤을 법한 일들이 단지 상상이 아니라 현실에서도 이루어낼 수 있는 일임을 실감하면서 우리 스스로 크나큰 희망을 얻었다.

이제 우리 바람은 단 한 가지, 이 책이 직장인들의 지루한 일상을 눈이 번쩍 뜨일 정도로 즐겁고 보람찬 하루로 바꿔주는 것이다. 회사가 그대를 미치게 할 때 한번 저질러볼 만한 모험을 알려줄 수 있다면… 우리의 멋진 음모는 완벽히 성공한 것이다.

회사가 나를 미치게 할 때 알아야 할 31가지

초판 1쇄 발행 2010년 8월 16일
초판 2쇄 발행 2010년 9월 6일

지은이 구본형 변화경영연구소
펴낸이 김선식
펴낸곳 다산북스
출판등록 2005년 12월 23일 제313-2005-00277호

PD 최윤석
DD 김태수
다산라이프 최소영, 최윤석, 장보라
마케팅본부 모계영, 이도은, 신현숙, 김하늘, 박고운, 권두리
저작권팀 이정순, 김미영
홍보팀 서선행
광고팀 한보라, 박혜원
온라인마케팅팀 하미연, 정미진
디자인본부 최부돈, 손지영, 황정민, 김태수, 조혜상, 김희준
경영지원팀 김성자, 김미현, 유진희, 김유미, 정연주
미주사업팀 우재오
외주스태프 본문사진 백선광

주소 서울시 마포구 서교동 395-27
전화 02-702-1724(기획편집) 02-703-1725(마케팅) 02-704-1724(경영지원)
팩스 02-703-2219
이메일 dasanbooks@hanmail.net
홈페이지 www.dasanbooks.com

필름 출력 스크린그래픽센타
종이 신승지류유통(주)
인쇄·제본 (주)현문

ISBN 978-89-6370-150-9 03320

• 책값은 표지 뒤쪽에 있습니다.
• 파본은 구입하신 서점에서 교환해드립니다.
• 이 책은 저작권법에 의하여 보호를 받는 저작물이므로 무단 전재와 복제를 금합니다.